易学易会，零基础也能轻松做会计

零基础学会计

会计实操编委会　编著

广东人民出版社

·广州·

图书在版编目（CIP）数据

零基础学会计 / 会计实操编委会编著.—广州：广东人民出版社，2024.4（2025.6重印）
ISBN 978-7-218-16051-1

Ⅰ.①零… Ⅱ.①会… Ⅲ.①会计学 Ⅳ.①F230

中国版本图书馆CIP数据核字（2022）第176206号

Ling Jichu Xue Kuaiji

零 基 础 学 会 计

会计实操编委会　　编著

版权所有　翻印必究

出 版 人：肖风华

责任编辑：冯光艳
责任技编：吴彦斌

出版发行：广东人民出版社
网　　址：https://www.gdpph.com
地　　址：广州市越秀区大沙头四马路10号（邮政编码：510199）
电　　话：（020）85716809（总编室）
传　　真：（020）83289585
天猫网店：广东人民出版社旗舰店
网　　址：https://gdrmcbs.tmall.com
印　　刷：东莞市翔盈印务有限公司
开　　本：787毫米×1092毫米　1/16
印　　张：13.5　　字　数：254千
版　　次：2024年4月第1版
印　　次：2025年6月第2次印刷
定　　价：49.80元

如发现印装质量问题，影响阅读，请与出版社（020-87712513）联系调换。
售书热线：（020）87717307

前　言

现在我们生活在一个信息资源爆炸的时代，每个人想要学什么，都能在网络上找到大量的学习资源。零基础入行会计并不难，无论是应届毕业生，还是转行进入会计领域的新人，或是在家带娃的宝妈，即使只拥有初中数学算术的水平也能轻松学会。自信是开启会计入门的钥匙！

会计属于管理学科，研究对象是资金的运动，有许多难懂的定义和晦涩的术语，初学者很容易望而却步。基于此目的，会计学堂为零基础读者量身打造一套集理论与实操于一体的辅导丛书，有《零基础学会计》《零基础学出纳》《财务报表分析从入门到精通》等。

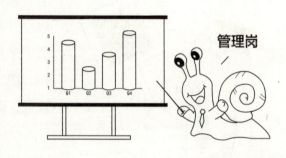
管理岗

如果你想应聘企业会计岗位，《零基础学会计》能够让你快速入门并掌握会计岗位上实用性很强的工作技能，同时还可以学习《工业会计实操》《商业会计实操》和《财务报表分析从入门到精通》等书来提升自己的专业技能。

会计入门免不了系统性的理论学习，为增加读者的阅读趣味和提高学习效率，本书将会计基础理论应用于生活中的家具店、超市、水果店、奶茶店的日常经营活动中，把枯燥晦涩的理论术语变得简明有趣。

本书一共9章，含会计要素、会计科目与账户、企业的全流程账务处理、会计凭证与会计账簿的区别和联系、三大财务报表的内容等，涵盖会计入门必备的理论知识。

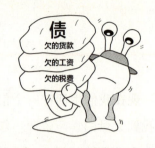

微信扫二维码
即可听课

阅读本书，读者不仅能熟悉并轻松掌握会计基础理论，同时对考取初级会计师、中级会计师、CPA 和税务师证书有很大帮助。全书采用双色印刷，重要的知识均以橙色标识，图文并茂，引入生活案例，且配备视频课程，微信扫描二维码即可听课。

会计实操编委会

目 录

扫码即享

1. 本书配套视频课
2. 老师微信好友
3. 财务软件
4. 会计考证课
   （初级中级 CPA 税务师等）
5. 会计做账报税工具包

目 录

>> Contents

第一章　初出茅庐：技术活，但不难懂

扫"码"听课

第1节　会计那些人和事儿

一、会计演化简史

（一）会计萌芽

"结绳"和"刻痕"记事

旧石器时代，靠采摘和打猎为生的人类用"结绳"和"刻痕"的方式记载采集的食物数量和种类，比如：今日猎取了几头牛，就在绳子上打几个结或在石头上刻几道痕。

今天摘了 5 个果子　　　　　　　兔 2，猪 3，衣 4

（二）单式记账法

在古代社会，出现了按时间、物品名、人名、货币资金等分别设置的账本，日记账和现金账。此时发展到了单式记账法时期。

四柱清册

古时候的人认为，资产不一定是本年的利润，还有一部分可能是上一年剩下的，总结出"上期结余＋本期收入－本期支出＝本期结余"。这就是四柱清册。

> 📖 **小贴士**
>
> 1. 夏朝，会计叫"会稽"。大禹晚年召集各诸侯，稽核他们的功德，此次集会称作会稽（会计），会稽山地名来源于此。

小贴士

2. 武则天与大写数字：

武则天规定，记账中须用"壹、贰、叁……"等大写数字替代传统的"一、二、三……"，这一改动防范篡改账簿和徇私舞弊，令贪官污吏无法伪造账簿牟利。

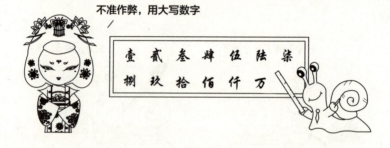

（三）复式记账法

西方的复式记账最早于12—13世纪在意大利产生。

中国的复式记账法起源于明末。

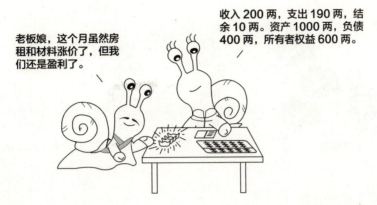

（四）现代会计

1. 管理会计

20 世纪，工业发展，企业间激烈竞争，产生了侧重于企业内部管理、提高效益的管理会计。计算机技术的普及，诞生了会计电算化。

2. 分布式共享和 AI 大模型

21 世纪，会计信息化、智能化的记账创新，给人们提供了新的会计方式——分布式共享的账本。

人工智能技术发展，使财务的重心变更为设计理解管理本质的 AI 以及与之对话交互。AI 大模型可以大数据分析，用户直接用通俗的语言和 AI 对话，就能让 AI 生成并展现所需的数据。

二、当代工作中的会计岗位

💡 思考

财务类的岗位，具体有哪些？

出纳　　　　　盘点仓库　　　　　税务

💡思考

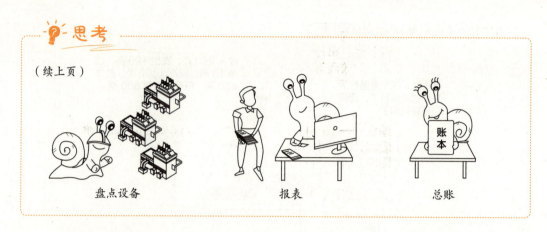

（续上页）

盘点设备　　　　　　　　报表　　　　　　　　总账

（一）财务工作的分类

通俗地说，财务岗位就是干会计的人的头衔。

财务工作主要分三大类：核算型、财务管理分析型、审计型。

表1-1　三大类型的财务工作

核算型	财务管理分析型	审计型
出纳	管理会计	审计员
往来会计	财务分析员	内部审计师
费用会计	财务需求分析师	
总账会计	ERP实施顾问	
合并报表会计		
税务会计		

（二）财会专业的就业方向

财务会计常见的五个出路：事务所、事业单位及国企、高校或财务类培训机构、银行、企业财务。

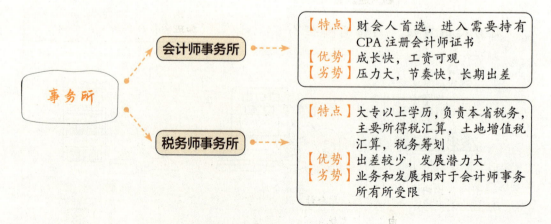

事业单位及国企 → 政府机构——税务局、审计局、财政局等

事业单位及国企 → 国企——烟草公司、中国电力等

【特点】进入体制内的门槛不低，需多关注考公、国企、事业编的相关信息
【优势】收入稳定
【劣势】考试人数多，进入难

高校或财务类培训机构 → 财会教师

【特点】财会类教师需求较大。进入需持有相关证书，如初级、中级、CPA等。要求会灵活输出知识，有独特的讲课风格
【优势】丰富自身专业知识，打造IP，拓展人脉
【劣势】行业内卷，需不断提升能力，竞争较大

银行 → 各大银行

【特点】入行一般从柜员做起，工作低于预期。但各大银行都拥有较好的培训和晋升机制
【优势】稳定、福利好
【劣势】工作考核多，压力较大

企业财务 → 企业财务会计、税务运营等

【特点】一般刚入行从事较基础的财会工作，管理者需要有相关工作经验
【优势】接触本行业的业务较多，提升较快
【劣势】加班多，压力较大，考核多

零基础学会计就上会计学堂APP，理论＋实操课，由简入繁系统学习，实用性强上岗更轻松，会计学堂是财务人员学习互助的交流平台。

● 第2节 会计的定义和职能

一、会计的定义

　　会计是以货币为主要计量单位，采用专门方法和程序，对企业和行政、事业单位的经济活动过程及其结果进行准确完整、连续系统的核算和监督，以如实反映受托责任履行情况和提供有用经济信息为主要目的的经济管理活动。

记忆妙招

· 会计用"货币"衡量一切。
· 会计是一种工作——经济管理工作。
· 会计工作内容是核算和监督一个单位经济活动。

二、会计的职能

（一）基本职能

　　"核算"，以货币为主要计量单位，对特定主体的经济活动进行确认、计量、记录和报告。

"监督"，是对会计核算主体经济活动的合法性、合理性和会计资料的真实性、完整性进行审查。

💡 思考

会计核算和监督的内容是什么？

凡是特定主体能以货币表现的经济活动都是会计核算和监督的内容，也就是会计的对象，即资金运动或价值运动。

（二）拓展职能

除了会计核算和会计监督两个基本职能外，会计还具有预测经济前景、参与经济决策和评价经营业绩等拓展功能。

三、会计的基本特征

会计基本特征分为五点，分别是：

1. 会计是一种经济管理活动；

2. 会计是一个经济信息系统；

3. 会计以货币作为主要计量单位；

4. 会计具有核算和监督的基本职能；

5. 会计采用一系列专门的方法。

● 第3节 会计的对象和目标

一、会计的对象

　　会计的对象即会计核算和监督的内容。会计对象具体是指社会在生产过程中能以货币表现的经济活动，即资金运动或价值运动。

💡 **思考**

什么是资金运动或价值运动呢？

⛱ 案例导入【例1-1】

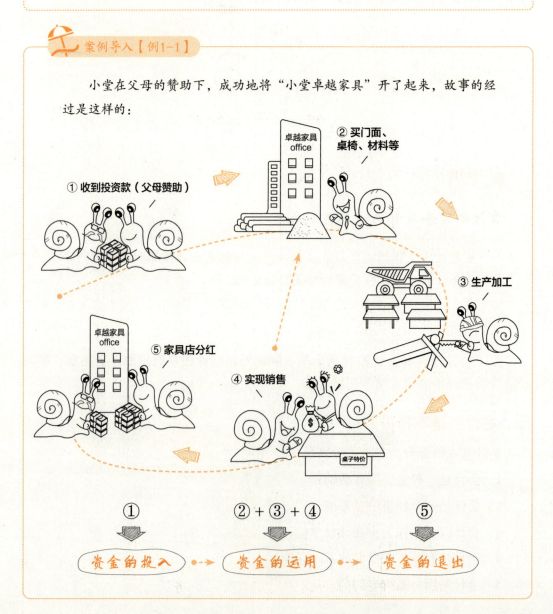

　　小堂在父母的赞助下，成功地将"小堂卓越家具"开了起来，故事的经过是这样的：

① 收到投资款（父母赞助）

卓越家具 office

② 买门面、桌椅、材料等

③ 生产加工

④ 实现销售

卓越家具 office

⑤ 家具店分红

桌子特价

①	②＋③＋④	⑤
资金的投入	资金的运用	资金的退出

资金运动包括特定对象的资金投入、资金运用、资金退出三个过程，而具体到企业、事业、行政单位又有较大的差异。下面以工业企业为例说明资金运动的过程。

1. 资金的投入

企业要进行生产经营，必须拥有一定的资金，这些资金的来源包括所有者投入（股东投入）的资金和债权人提供的资金两部分。

2. 资金的循环和周转（即资金的运用）

以小堂卖糖葫芦串的小生意为例。首先，需要采购原材料山楂、白糖、竹签等，还有搅拌和制作糖葫芦串的器具，叫作采购。

白天制作糖葫芦的过程，叫作生产。

晚上把制成的糖葫芦串卖光，叫作销售。

同理，企业的经营过程包括采购、生产、销售三个阶段。在采购供应过程中，企业要购买原材料、库存商品等。在生产过程中，劳动者借助劳动手段将劳动对象加工成特定的产品，同时发生原材料消耗、生产工人劳动耗费的人工费。在销售过程中，进行将生产的产品对外销售、收回货款等业务活动。

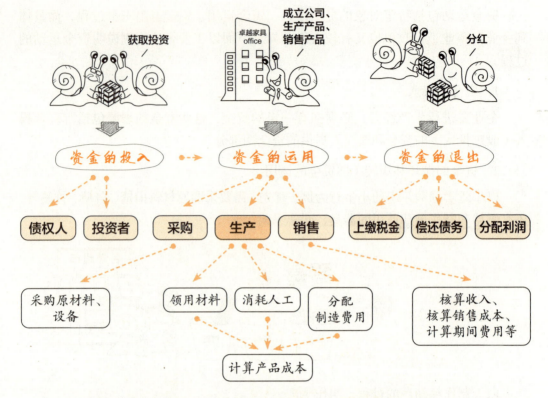

综上所述，资金的循环是以货币资金为起点进行一系列供应、生产、销售，最后回到货币资金的过程。资金周而复始地循环称为"资金的循环和周转"。

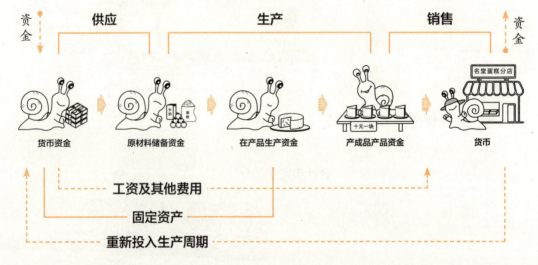

3. 资金的退出

资金的退出包括偿还债务、上缴各项税金、向所有者分配利润等，使得这部分资金离开本企业，退出企业的资金循环和周转。

偿还债务

税务局缴税

股东分红

二、会计目标

💡思考

会计做了这么多，目标是什么？

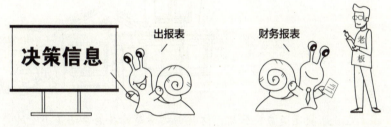

会计目标，是工作完成的任务或达到的标准。会计目标包括两个方面：

1. 反映企业管理层受托责任履行情况

现代企业的所有权和经营权相分离，企业的所有者一般将管理责任委托于公司管理层，并对管理层进行监督，关注他们的经营成果。

2. 有助于财务报告使用者作出经济决策

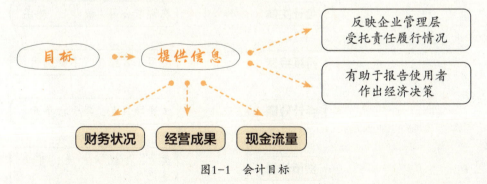

图1-1　会计目标

第4节 会计基本假设和核算基础

一、会计基本假设

什么是会计假设？会计假设就是会计这门学科的前提。没有这个前提，会计的一些理论是不成立的。会计上的理论都是以会计假设为基础进行延伸的。

案例导入【例1-2】

假设小堂卖一批西瓜给老李，小堂已经把西瓜送到老李家，老李尚未支付货款。请问，如何反映这笔经济业务？反映应收账款，还是应付账款？

【解答】 应收账款还是应付账款，这就需要看是站在老李还是小堂的角度，以谁为会计主体。

会计基本假设是企业会计确认、计量、记录和报告的前提，是对会计核算所处时间、空间环境等所作的合理假设。

会计基本假设包括会计主体、持续经营、会计分期和货币计量。

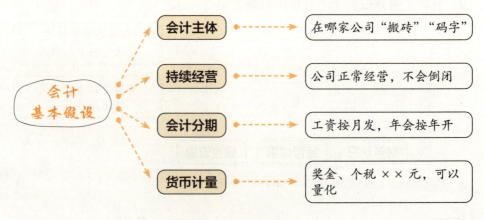

图1-2 会计基本假设

（一）会计主体

会计主体是指企业会计确认、计量、记录和报告的空间范围。

案例导入【例1-3】

假设甲公司销售一批原材料给乙公司，甲公司已经把货物发至乙公司，乙公司尚未支付货款。请问，你如何反映这笔经济业务？反映应收账款，还是应付账款？

【解答】若把甲公司作为会计主体，只有影响甲公司经济利益的经济业务事项才能确认和计量，与甲公司经济业务无关要素的变化，甲公司都不予以反映。上述那笔经济业务，对于甲公司来说，应确认收入，同时应收账款（资产）增加；对于乙公司来说，原材料（资产）增加，同时应付账款（负债）增加。

📝 小贴士

1. 你是A公司的会计，那么A公司就是你的会计主体。

2. 会计主体为日常的会计处理提供了空间依据。明确会计主体，才能确定会计要处理的经济业务事项的范围和立场。

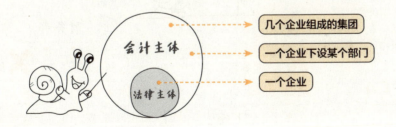

🔗 链接

1. 会计主体不一定是法律主体。

2. 法律主体一定是会计主体，但是会计主体却不一定是法律主体，即会计主体的范围涵盖法律主体。

举例：在企业集团里，一个母公司拥有若干个分公司，分公司在企业集团母公司的统一领导下开展经营活动。为了全面反映这个企业集团的财务状况、经营成果和现金流量，就有必要将这个企业集团所有分公司的财务状况、经营成果和现金流量予以综合反映。

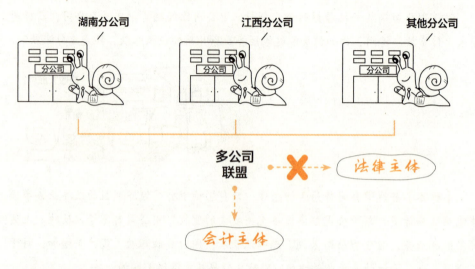

有时，为了内部管理需要，也应对企业内部的部门单独加以核算，并编制出内部会计报表。企业内部划出的核算单位也可以视为一个会计主体，但它不是一个法律主体。

（二）持续经营

持续经营是指在可以预见的未来，企业将会按当前的规模和状态继续经营下去，不会停业，也不会大规模削减业务。

小贴士

1. 持续经营只是会计的一种美好愿景，假设企业能一直经营下去。

名堂企业　　会长久地
经营下去!

2. 由于持续经营是根据企业发展的一般情况所作的设定，企业在生产经营过程中缩减经营规模乃至停业的可能性总是存在的。如果企业确实难以经营下去了，就需要进行破产清算。

（三）会计分期

思考

既然有持续经营的假设前提，公司会一直经营下去，能否今年不做账，等着明年一起做账？

当然不能，当月的账，当月做好，当年的账，当年做好。这就需要把时间划分，进行分期核算。

会计分期是指将一个企业持续经营的生产经营活动划分为一个个连续的、间隔相同的期间，以便分期结算账目和编制财务报告。

案例导入【例1-4】

假设小堂是甲企业的股东、经营管理者、债权人等，想了解企业的财务状况和经营成果。那他希望甲企业是经营破产倒闭前出具一次相关会计信息，还是每年一次，或每月一次？哪一种方式更容易及时做出相关决策呢？

年、半年、季、月……

会计分期通常分为年度和中期。中期通常包括半年度、季度和月度。在我国，《企业会计准则》明确规定采取公历年度，自每年1月1日至12月31日止。会计分期界定了会计信息的时间段落。

具体如下图：

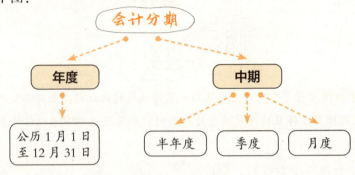

图1-3 会计分期

关联：持续经营是会计分期的前提。

由于会计分期，才产生了当期与其他期间的差别，从而形成了权责发生制和收付实现制不同的记账基础。

（四）货币计量

货币计量是指会计主体在会计确认、计量、记录和报告时以货币作为计量尺度，反映会计主体的经济活动。

> **小贴士**
>
> 在货币计量的前提下，我国的会计核算应以人民币作为记账本位币。业务收支以外币为主的企业也可选择某种外币作为记账本位币，但是编报的财务报告应折算为人民币。

二、会计核算基础

案例导入【例1-5】

隔壁小堂夫妇经营一家小超市，在5月8日给长期合作的餐馆销售货物，货款合计800元，款项尚未收到。超市于6月10日收到上述货款800元，请问：超市销售这800元应算是5月份的收入还是6月份的收入呢？

会计基础是指会计确认、计量、记录和报告的基础，包括<u>权责发生制</u>和<u>收付实现制</u>。

| 权责发生制 | 看事，很讲理 |
| 收付实现制 | 盯钱，很现实 |

图1-4　权责发生制和收付实现制

（一）权责发生制

权责发生制，是指以<u>取得收取款项的权利或支付款项的义务</u>为标志来确定本期收入和费用的会计核算基础。凡是当期已经实现的收入和已经发生或者应当负担的费用，无论款项是否收付，都应当作为当期的收入和费用；凡是不属于当期的收入和费用，即使款项已在当期收付，也不应当作为当期的收入和费用。

因此，权责发生制也称为"应收应付原则"。

案例导入【例1-6】

小堂在9月9日销售钢材一批给小王，货款合计10 000元，款项尚未收到。小堂于10月10日收到上述货款10 000元。问：这10 000元应算是小堂9月份的收入还是10月份的收入呢？

小贴士

在权责发生制下，案例中的销售行为发生在9月，即使该月没有收到款项，该款项也是属于9月份的收入。而10月即使收到款项，由于没有发生销售行为，该款项也不能作为当月的收入进行确认。

（二）收付实现制

收付实现制，是指以<u>现金的实际收付</u>为标志来确定本期收入和支出的会计核算基础。

小贴士

在收付实现制下，案例中的货款既然是在 10 月收到的，则不论该款项是否由本月业务实际发生的，都作为 10 月份的收入进行确认。

企业会计、政府会计中的财务会计均采用权责发生制。

政府会计由预算会计和财务会计构成。预算会计实行收付实现制（国务院另有规定的，依照其规定），财务会计实行权责发生制。

案例导入【例1-7】

某公司 5 月份发生如下业务：

1. 销售产品 50 000 元，其中 30 000 元已收到并存入银行，尚有 20 000 元未收到。

2. 收到上月为外单位提供的劳务收入 500 元。

3. 支付本月的水电费用 700 元。

4. 预付下半年房租 1 500 元。

5. 支付上月借款利息 380 元。

6. 预收 A 产品销售款 18 000 元。

7. 本月应计劳务收入 800 元尚未收到。

8. 上月预收货款的产品本月发货应确认收入 30 000 元。

9. 本月应承担年初已支付的保险费 300 元。

10. 本月负担将于下月支付的修理费 200 元。

分别按权责发生制和收付实现制计算 5 月份的收入、支出和利润。

表1-2　某公司 5 月份业务情况

会计基础	权责发生制	收付实现制
案例解析	5 月份的收入＝50 000＋800＋30 000 ＝80 800（元） 5 月份的支出＝700＋300＋200 ＝1 200（元） 5 月份的利润＝80 800－1 200 ＝79 600（元）	5 月份的收入＝30 000＋500＋18 000 ＝48 500（元） 5 月份的支出＝700＋1 500＋380 ＝2 580（元） 5 月份的利润＝48 500－2 580 ＝45 920（元）

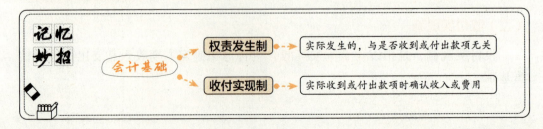

记忆妙招

会计基础 → 权责发生制 → 实际发生的，与是否收到或付出款项无关

会计基础 → 收付实现制 → 实际收到或付出款项时确认收入或费用

● 第5节　会计信息的使用者及其质量要求

一、会计信息的使用者

💡 **思考**

会计信息的**使用者**都有哪些呢？

主要有投资者、债权人、企业管理者、政府及相关部门和社会公众。

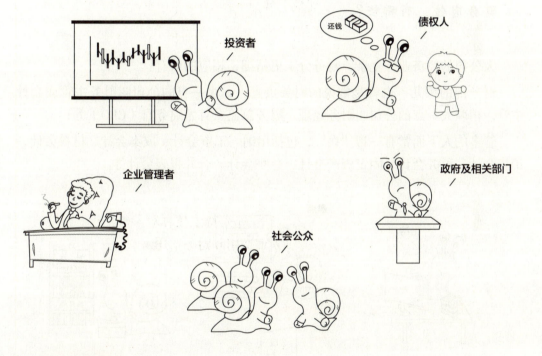

📖| **小贴士**

1. 投资者关注资本的增值、保值情况。
2. 债权人关心企业的偿还能力。
3. 企业管理者借助会计信息及相关信息来管理企业，对企业进行控制、作出决策。
4. 政府及相关部门需要会计信息来监管企业的有关活动、制定税收政策等。
5. 社会公众关心企业的生产经营活动，增加就业等。

链接

会计信息的编制者最基本的配置是怎样的？

会计和出纳是财务部最基本的配置。小公司的出纳常由老板亲近的人或行政人员兼任，会计则通过代理记账公司解决。稍微大点的公司，可以设置正式的会计和出纳岗位。

无论企业大小，出纳和会计不得由同一人兼任，以达到互相监督和控制的目的。

思考

财务岗位，有哪些？

大公司的经济业务复杂，财务分工更精细，相应的就有：

财务部的头儿，也就是常说的财务负责人，小一点的公司叫财务主管或会计主管，稍微大一点的公司叫财务经理、财务总监、首席财务官（CFO）等；

管事的人下面常有一帮"兵"，包括出纳、工资会计、成本会计、材料会计、销售会计、税务会计、固定资产会计、总账会计、合并报表会计等。

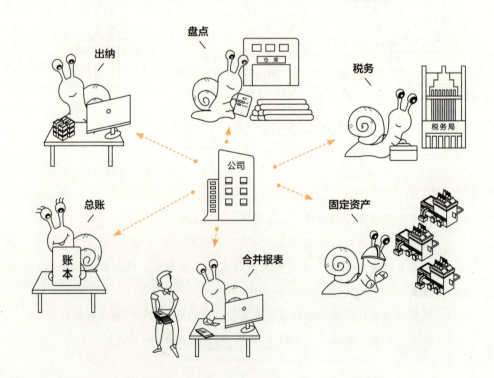

从岗位的名称可以猜测这些岗位人员所负责的内容，不过不要一概而论，可能一样的岗位名称在不同的公司实际负责的工作有一定的区别。

【注意】实际工作中，公司可以没有财务部门，但一定要有财务负责人。老板可以兼任财务负责人。

二、会计信息的质量要求

因管理者、老板、股东、债权人等对会计信息的关注点各有不同，所以需要树立标准和边界。

会计信息的质量要求主要包括可靠性、相关性、可理解性、可比性、实质重于形式、重要性、谨慎性和及时性。

（一）可靠性原则

可靠性原则要求企业应当以实际发生的交易或者事项为依据进行会计核算，如实反映符合确认和计量要求的各项会计要素及其他相关信息，保证会计信息真实可靠、内容完整。

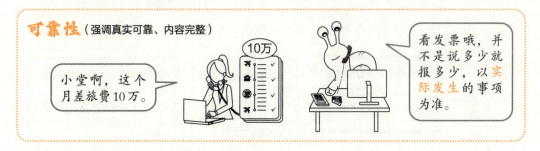

可靠性（强调真实可靠、内容完整）

小堂啊，这个月差旅费10万。

看发票哦，并不是说多少就报多少，以实际发生的事项为准。

（二）相关性原则

相关性原则要求企业提供的会计信息应当与财务会计报告使用者的经济决策需要相关，这有助于财务会计报告使用者对企业过去、现在或未来的情况作出评价或预测。

相关性（强调信息对决策有用）

小堂啊，财务报表拿来我看看，看公司下一步怎么走。

（三）可理解性原则

可理解性原则是指企业提供的会计信息应当**清晰明了**，便于财务会计报告使用者理解和使用。

能够简单明了地反映企业的财务状况、经营成果和现金流量，从而有助于会计信息使用者正确理解、掌握企业的情况。

（四）可比性原则

可比性原则是指企业提供的会计信息应当相互可比。

1. 同一企业不同时期可比——纵向可比

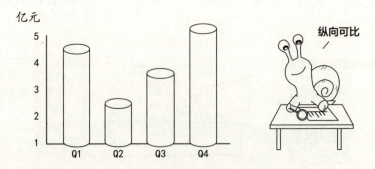

同一企业不同时期发生的相同或者相似的交易或者事项，应当采用一致的会计政策，不得随意变更。

2. 不同企业相同会计期间可比——横向可比

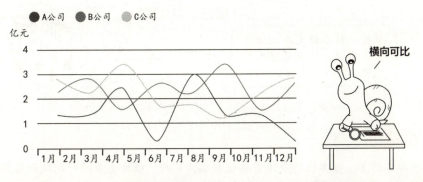

　　不同企业同一会计期间发生的相同或者相似的交易或者事项，应当采用同一会计政策，确保会计信息口径一致、相互可比，以使不同企业按照一致的确认、计量、记录和报告要求提供有关会计信息。

（五）实质重于形式原则

　　实质重于形式原则是指企业应当按照交易或事项的经济实质进行会计确认、计量、记录和报告，而不应仅以交易或事项的法律形式作为依据。

　　例如：企业租入的资产（短期租赁和低价值资产租赁除外）。

　　法律形式：企业并不拥有其所有权。

　　经济实质：企业能够控制租入资产所创造的未来经济利益，应当将其视为本企业的资产，在资产负债表中填列使用权资产。

（六）重要性原则

　　要求企业提供的会计信息应当反映与企业财务状况、经营成果和现金流量有关的所有重要交易或者事项。

重要性（从功能、性质、金额大小多方面判断）

采购一批办公文具，便宜且易消耗，那就直接入费用吧。

📖✏️ 小贴士

在实际工作中，重要性的应用需要依赖职业判断，根据企业所处环境和实际情况，从项目的功能、性质和金额大小等多方面加以判断。

如果某项会计信息的省略或者错报会影响投资者等财务报告使用者据此作出决策，该信息就具有重要性。

（七）谨慎性原则

要求企业对交易或者事项进行会计核算应当保持应有的谨慎，不应高估资产或者收益、低估负债或者费用。

谨慎性（不吹牛：不高估资产、收入；也不低估负债、费用）

不好意思，还要时间。

年底了，该还款了。

年底了，客户的钱还没有收回来，这可咋办呀？

计提坏账准备

记忆妙招 好事不声张，坏事大声说。

（八）及时性原则

及时性（强调不提前、不推迟）

及时收集、及时处理、及时传递。

拖延症

　　及时性原则是指企业对于已经发生的交易或事项，应当**及时**进行会计核算，不得提前或者延后。会计信息具有时效性，只有及时提供，才能满足经济决策的需要，也才有价值。

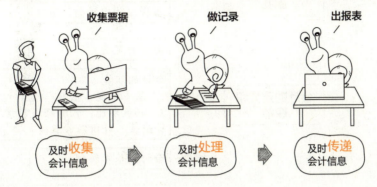

零基础学会计就上会计学堂APP，理论＋实操课，由简入繁系统学习，实用性强上岗更轻松，会计学堂是财务人员学习互助的交流平台。

本章小结

```
技术活，          会计那些人和          ┄┄▶  会计演化简史
但不难懂            事儿             ┄┄▶  当代工作中的会计岗位

                                  ┄┄▶  会计的定义

                 会计的定义和          ┄┄▶  会计的职能
                  职能                   1. 基本职能：核算、监督
                                        2. 拓展职能：预测经济前景、参与经
                                           济决策、评价经营业绩

                                  ┄┄▶  会计的基本特征

                 会计的对象和          ┄┄▶  会计的对象：资金运动或价值运动
                  目标
                                  ┄┄▶  会计目标：反映企业管理层受托责任
                                        履行情况、有助于财务报告使用者作
                                        出经济决策

                 会计基本假设和         ┄┄▶  会计基本假设：会计主体、持续经营、
                  核算基础                  会计分期、货币计量

                                  ┄┄▶  会计核算基础：权责发生制、收付实
                                        现制

                 会计信息的使用         ┄┄▶  会计信息的使用者：投资者、债权人、
                 者及其质量要求             企业管理者、政府及相关部门、社会
                                        公众

                                  ┄┄▶  会计信息的质量要求：可靠性、相关
                                        性、可理解性、可比性、实质重于形式、
                                        重要性、谨慎性、及时性
```

第二章　崭露头角：会计要素与恒等式

第1节　六大会计要素，你都了解吗？

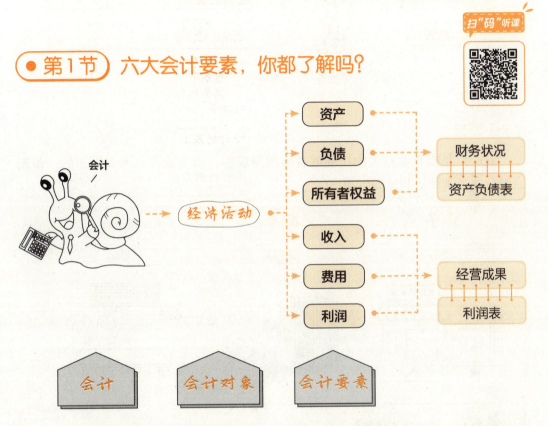

会计要素是根据交易或者事项的经济特征所确定的财务会计对象及其基本分类。

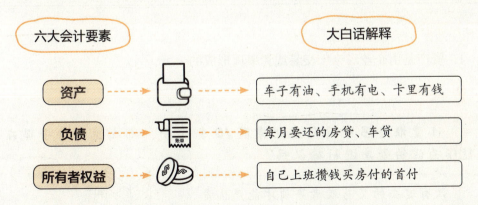

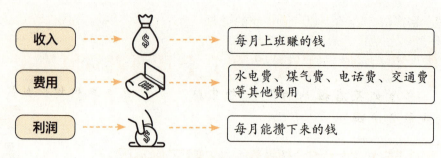

图 2-1　会计要素的大白话解释

一、资产

（一）概念

资产，是指企业过去的交易或者事项形成的，由企业**拥有或者控制**的，预期会给企业带来经济利益的资源。

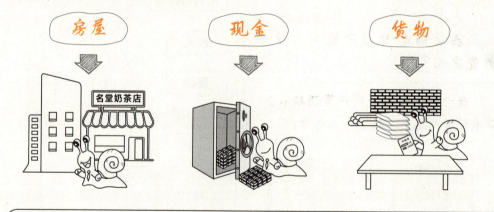

> **记忆妙招**
>
> 资产就是好东西：
> 钱、货物、投资、债权、房屋、设备、无形资产等。

（二）特征

1. 资产是由企业**过去的**交易或者事项形成的

思考

　　小堂准备3个月后在北京买10套房子，那么这些房子现在能作为他的资产进行确认吗？

　　只有过去的交易或者事项才能产生资产，企业预期在未来发生的交易或者事项不形成资产。

> 3个月后在北京买10套房子。

2. 资产应为企业拥有或者控制的资源

💡思考

名堂奶茶店租入的设备(短期租赁和低值资产租赁除外)，是企业的资产吗？

企业拥有或者控制，是指企业享有某项资源的所有权，或者虽然不享有某项资源的所有权，但该资源能被企业控制。企业租入的资产（短期租赁和低值资产租赁除外），具有控制权，本着实质重于形式的原则，视为自有资产。

3. 资产预期会给企业带来经济利益

💡思考

丢失的电脑显示器是名堂奶茶店的资产吗？

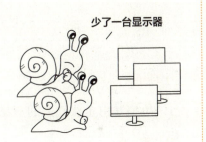

少了一台显示器

盘亏的、毁损的资产等预期不会给企业带来经济利益，不属于企业的资产。

（三）资产的确认条件

将一项资源确认为资产，需要符合资产的定义，还应同时满足以下两个条件：

（1）与该资源有关的经济利益很可能流入企业；

（2）该资源的成本或者价值能够可靠地计量。

（四）资产的分类

资产按流动性进行分类，可以分为流动资产和非流动资产。

资产根据流动性的分类如表 2-1 所示。

表 2-1　资产根据流动性的分类

类别	含义	科目
流动资产	预计在一个正常营业周期中变现、出售或耗用，或者主要为交易目的而持有，或者预计在资产负债表日起一年内（含一年）变现的资产，以及自资产负债表日起一年内交换其他资产或清偿负债的能力不受限制的现金或现金等价物	银行存款、库存现金、应收账款、交易性金融资产、应收利息、应收股利、预付账款、其他应收款等

（续表）

类别	含义	科目
非流动资产	流动资产以外的资产	长期投资、固定资产、无形资产、在建工程、投资性房地产等

二、负债

（一）概念

负债，是指企业过去的交易或者事项形成的，预期会导致经济利益流出企业的现时义务。

（二）特征

1. 负债是由企业过去的交易或者事项形成的

思考

名堂奶茶店计划一年后向银行贷款1亿元，属于企业的负债吗？

这是企业将在未来发生的事项，不会形成负债。

2. 负债是企业承担的现时义务（在现行条件下已承担的义务）

3. 负债预期会导致经济利益流出企业

思考

负债预期会导致经济利益流出企业是如何体现的？

名堂奶茶店向银行借了一笔为期6个月的100万元的资金，6个月后名堂奶茶店需要交付用钱偿还，这就是经济利益的流出。

（三）负债的确认条件

将一项现时义务确认为负债，除了需要符合负债的定义，还需要同时满足以下两个条件：

（1）与该义务有关的经济利益很可能流出企业；

（2）未来流出的经济利益的金额能够可靠地计量。

（四）负债的分类

按偿还期限的长短，一般将负债分为流动负债和非流动负债。

负债根据偿还期限的分类如表 2-2 所示。

表 2-2　负债根据偿还期限的分类

类别	含义	科目
流动负债	预计在一个正常营业周期中偿还，或者主要为交易目的而持有，或者自资产负债表日起一年内（含一年）到期应予以清偿，或者企业无权自主地将清偿推迟至资产负债表日以后一年以上的负债	短期借款、应付账款、预收账款、应付票据、应付利息、其他应付款、应交税费、应付职工薪酬等
非流动负债	流动负债以外的负债	长期借款、应付债券、长期应付款

三、所有者权益

（一）概念

所有者权益，是指企业资产扣除负债后，由所有者享有的剩余权益。公司的所有者权益又称为股东权益。所有者权益体现的是所有者在企业中的剩余权益，因此，所有者权益的确认和计量主要依赖于资产和负债的确认和计量。

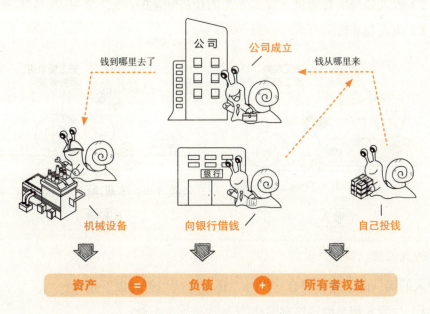

（二）来源

所有者权益的来源包括所有者投入的资本、直接计入所有者权益的利得和损失、留存收益等。具体如表2-3所示。

表2-3 所有者权益的来源

来源	含义	科目
所有者投入的资本	构成企业注册资本或者股本部分的金额	实收资本（股本）
	投入资本超过注册资本或者股本部分的金额，即资本溢价或者股本溢价	资本公积——资本溢价 ——股本溢价
直接计入所有者权益的利得和损失	是指不应计入当期损益、会导致所有者权益发生增减变动的、与所有者投入资本或者向所有者分配利润无关的利得或者损失	其他综合收益
留存收益	是企业历年实现的净利润留存于企业的部分，主要包括计提的盈余公积和未分配利润	盈余公积 利润分配——未分配利润

四、收入

（一）概念与特征

收入，是指企业在日常活动中形成的，会导致所有者权益增加的，与所有者投入资本无关的经济利益的总流入。

特征如下：

（1）收入是企业在日常活动中形成的；

（2）收入是与所有者投入资本无关的经济利益的总流入；

（3）收入会导致所有者权益的增加。

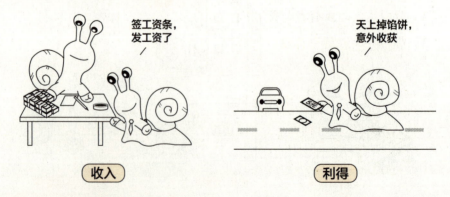

签工资条，发工资了

天上掉馅饼，意外收获

收入　　　　　　　　利得

（二）收入的确认条件

收入的确认除了应当符合定义外，还至少应当符合以下条件：

（1）与收入相关的经济利益应当很可能流入企业；

（2）经济利益流入企业的结果会导致资产的增加或者负债的减少；

（3）经济利益的流入额能够可靠地计量。

（三）收入的分类

按照企业主要经营业务等经常性经营活动实现的收入，通常将收入分为主营业务收入和其他业务收入。

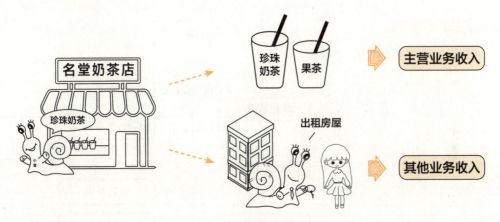

五、费用

（一）概念与特征

费用，是指企业在日常活动中发生的、会导致所有者权益减少的、与向所有者分配利润无关的经济利益的总流出。

特征如下：

（1）费用是企业在日常活动中形成的；

（2）费用是与向所有者分配利润无关的经济利益的总流出；

（3）费用会导致所有者权益的减少。

（二）费用的确认条件

费用的确认除了应当符合定义外，还至少应当符合以下条件：

（1）与费用相关的经济利益应当很可能流出企业；

（2）经济利益流出企业的结果会导致资产的减少或者负债的增加；

（3）经济利益的流出额能够可靠地计量。

（三）费用的分类

费用的分类具体如图 2-2 所示。

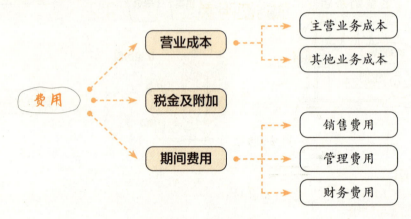

图 2-2　费用的分类

营业成本是指在确认销售商品收入、提供服务收入等时，将已销售商品、已提供服务的成本确认为营业成本（主营业务成本、其他业务成本）。

税金及附加是指企业经营活动应负担的相关税费，包括消费税、城市维护建设税、教育费附加、资源税、土地增值税、房产税、环境保护税、城镇土地使用税、车船税、印花税等。

期间费用是指企业日常活动发生的不能计入特定核算对象的成本，而应计入发生当期损益的费用，包括销售费用、管理费用和财务费用。

六、利润

（一）利润的概念

利润，是指企业在一定会计期间的经营成果。

利润的确认主要依赖于收入和费用，以及直接计入当期利润的利得和损失的确认，其金额的确定也主要取决于收入、费用、直接计入当期利润的利得和损失金额的计量。

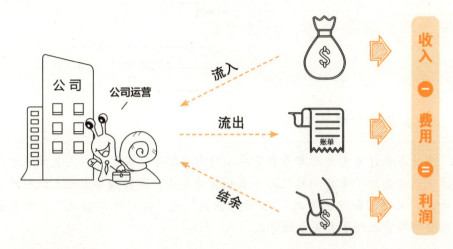

（二）利润的分类

利润是一个综合性指标，其分类如图 2-3 所示。

图 2-3　利润的分类

第2节 平衡美学，会计等式

思考

什么是会计等式？

企业各会计要素之间有着非常密切的内在联系，我们可以用数学表达式来体现这些会计要素之间的经济关系和数量关系，这种数学表达式就叫作会计等式，又称"会计恒等式""会计方程式"或"会计平衡公式"，它是表明各会计要素之间基本关系的等式。

案例导入【例2-1】

小堂和小名经过努力，成功地将"名堂奶茶店"开了起来，事情的经过是这样的：

9月1日，小名和小堂各拿了15万元投资款；

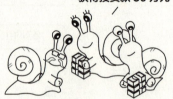

9月10日，名堂奶茶店获得银行贷款20万元；

9月20日，名堂奶茶店销售奶茶和果茶，获得3万元净利润，钱已经存在银行账户里。

（续上页）

案例导入【例2-1】

9月没有发生其他经济业务。会计上，名堂奶茶店可以这样描述自己的业务：

9月1日：

资产，30万元；负债，0元；所有者权益，30万元，即：

$$资产＝负债＋所有者权益$$

$$30万元＝0元＋30万元$$

9月10日：

资产，50万元（30万元＋20万元）；负债，20万元（0元＋20万元）；所有者权益，30万元，即：

$$资产＝负债＋所有者权益$$

$$50万元＝20万元＋30万元$$

9月20日：

资产，53万元（50万元＋3万元）；负债，20万元；所有者权益，33万元（30万元＋3万元），即：

$$资产＝负债＋所有者权益$$

$$53万元＝20万元＋33万元$$

一、会计等式的表现形式

（一）财务状况等式

任何一个企业要进行经济活动，都必须拥有一定数量、质量的能给企业带来经济利润的经济资源。资金运动在静态情况下，资产、负债及所有者权益三个要素之间存在平衡关系，揭示了企业在某一特定时点的财务状况，如图2-4所示。

$$资产 ＝ 负债 ＋ 所有者权益$$

图2-4　财务状况等式

该等式反映了资产的归属关系，被称为"财务状况等式""静态等式"，也是设置账户复式记账和编制资产负债表的理论依据。因此，会计上又将其称为"基本会计等式"。

（二）经营成果等式

企业经营的目的是为了获取收入，实现利润。通过经营所取得的收入扣除支出的费用，即为利润，被称为"经营成果等式"，亦称"动态会计等式"，是用以反映企业一定时期收入、费用和利润之间恒等关系的会计等式。它们也存在着平衡关系，其平衡公式如图 2-5 所示。

$$收入 - 费用 = 利润$$

图 2-5　经营成果等式

这一等式反映了利润的实现过程，是编制利润表的依据。若利润为正，则企业盈利；若利润为负，则企业亏损。

（三）会计扩展等式

一般情况下，收入会带来企业资产的增加，费用会带来企业资产的减少，收入和费用的有利差额会增加企业的所有者权益，收入和费用的不利差额会减少企业的所有者权益。表面上看收入是企业的收入，费用是企业的费用，但企业是所有者的企业，所有者是企业风险的最终承担者，企业的盈利由企业的所有者来分享，企业的亏损也由企业的所有者来共同承担。因此，会计六大要素之间内在关系的扩展等式，如图 2-6 所示。

$$资产 = 负债 + 所有者权益$$
$$+ \quad -$$
$$利润（亏损） = 收入 - 费用$$
$$资产 = 负债 + 所有者权益 + （收入 - 费用）$$

图 2-6　会计扩展等式

二、经济业务对会计等式的影响

经济业务，又称"会计事项"，是指在经济活动中使会计要素发生增减变动的交易或者事项。企业在生产经营的过程中，发生的经济业务会引起各个会计要素的增减变化，但并不影响会计等式的平衡关系。这些经济业务具体可以划分为九类。具体等式的应用下面以名堂奶茶店经营为例来说明这种平衡关系。

案例导入【例2-2】

名堂奶茶店期初拥有资产300万元，负债100万元，所有者权益200万元。

（一）一项资产增加，另一项资产等额减少的经济业务，会计等式保持平衡

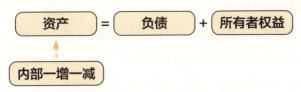

图 2-7　会计等式—资产内部同时增加

案例导入【例2-3】

　　沿用【例2-2】的资料，名堂奶茶店用银行存款 8 万元购买一套净水处理设备，设备已到店。

　　该经济业务使公司的固定资产增加 8 万元，同时银行存款减少 8 万元，企业的资产内部一增一减，资产总额不变。对会计等式的影响如下：

$$资产 = 负债 + 所有者权益$$
$$300 + 8 - 8 = 100 + 200$$

（二）一项资产增加，一项负债等额增加的经济业务，会计等式保持平衡

图 2-8　会计等式—资产和负债同时增加

案例导入【例2-4】

　　沿用【例2-2】的资料，名堂奶茶店从银行取得借款 10 万元，存入银行账户。

　　该经济业务使公司的银行存款增加 10 万元，同时借入的款项使企业的负债增加 10 万元，等式两边同时增加 10 万元。对会计等式的影响如下：

$$资产 = 负债 + 所有者权益$$
$$300 + 10 = （100 + 10） + 200$$

（三）一项资产增加，一项所有者权益等额增加的经济业务，会计等式保持平衡

图 2-9　会计等式—资产和所有者权益同时增加

 案例导入【例2-5】

沿用【例2-2】的资料，名堂奶茶店收到小堂追加的投资款10万元，款项存入银行。

该经济业务使公司的银行存款增加10万元，同时收到投资使得所有者权益增加10万元，等式两边同时增加10万元。对会计等式的影响如下：

$$资产＝负债＋所有者权益$$

$$300 ＋ 10 ＝ 100 ＋（200 ＋ 10）$$

（四）一项资产减少，一项负债等额减少的经济业务，会计等式保持平衡

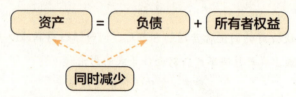

图2-10　会计等式—资产和负债同时减少

 案例导入【例2-6】

沿用【例2-2】的资料，名堂奶茶店用银行存款归还所欠B公司的珍珠果原材料款3万元。

该经济业务使公司的银行存款减少3万元，同时负债也减少3万元，等式两边同时减少3万元。对会计等式的影响如下：

$$资产＝负债＋所有者权益$$

$$300 － 3 ＝（100 － 3）＋ 200$$

（五）一项资产减少，一项所有者权益等额减少的经济业务，会计等式保持平衡

图2-11　会计等式—资产和所有者权益同时减少

 案例导入【例2-7】

沿用【例2-2】的资料，名堂奶茶店给小名、小堂各分红20万元，用银行存款支付。

该经济业务使公司的银行存款减少40万元，同时所有者权益也减少40万元，等式两边同时减少40万元。对会计等式的影响如下：

$$资产＝负债＋所有者权益$$

$$300 － 40 ＝ 100 ＋（200 － 40）$$

（六）一项负债增加，另一项负债等额减少的经济业务，会计等式保持平衡

图 2-12　会计等式—负债内部一增一减

案例导入【例 2-8】

　　沿用【例 2-2】的资料，名堂奶茶店向银行借入 10 万元直接用于归还拖欠的材料款。

　　该经济业务使公司的应付账款减少 10 万元，同时短期借款增加 10 万元，负债一增一减，总额不变。对会计等式的影响如下：

$$资产＝负债＋所有者权益$$
$$300＝（100－10＋10）＋200$$

（七）一项负债增加，一项所有者权益等额减少的经济业务，会计等式保持平衡

图 2-13　会计等式—负债和所有者权益一增一减

案例导入【例 2-9】

　　沿用【例 2-2】的资料，名堂奶茶店决定向小名和小堂各分红现金 10 万元，未支付。

　　该经济业务使公司的应付股利增加 20 万元，同时未分配利润减少 20 万元，负债增加，所有者权益减少。对会计等式的影响如下：

$$资产＝负债＋所有者权益$$
$$300＝（100＋20）＋（200－20）$$

（八）一项所有者权益增加，一项负债等额减少的经济业务，会计等式保持平衡

图 2-14　会计等式—负债和所有者权益一减一增

案例导入【例2-10】

沿用【例2-2】的资料，名堂奶茶店将应偿还给甲公司的原材料款20万元转作甲公司对奶茶店的投资。

该经济业务使公司的应付账款减少20万元，同时实收资本增加20万元，负债减少，所有者权益增加。对会计等式的影响如下：

$$资产＝负债＋所有者权益$$
$$300＝（100-20）+（200+20）$$

（九）一项所有者权益增加，另一项所有者权益等额减少的经济业务，会计等式保持平衡

图2-15　会计等式—所有者权益内部一增一减

案例导入【例2-11】

沿用【例2-2】的资料，名堂奶茶店经批准同意以资本公积50万元转增实收资本。

该经济业务使公司的资本公积减少50万元，实收资本增加50万元，所有者权益内部一增一减。对会计等式的影响如下：

$$资产＝负债＋所有者权益$$
$$300＝100+（200+50-50）$$

上述九类基本经济业务的发生均不影响财务状况等式的平衡关系，具体分为三种情况：

（1）经济业务的发生引起等式左边或者右边内部项目此增彼减，增减的金额相同，变动后资产和权益总额不变，等式仍保持平衡。

（2）经济业务的发生引起等式左右两边同时增加，增加金额相等，变动后等式仍保持平衡。

（3）经济业务的发生引起等式左右两边同时减少，减少金额相等，变动后等式仍保持平衡。

本章小结

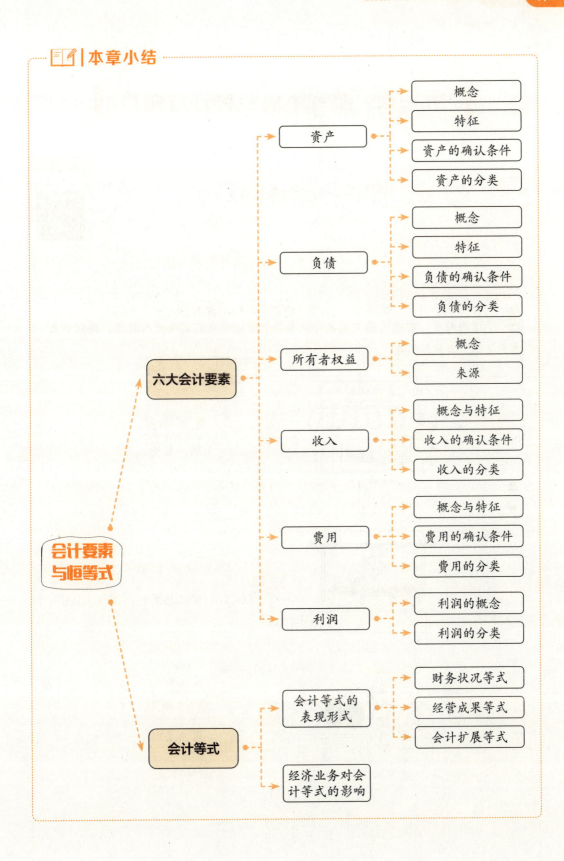

六大会计要素
- 资产
  - 概念
  - 特征
  - 资产的确认条件
  - 资产的分类
- 负债
  - 概念
  - 特征
  - 负债的确认条件
  - 负债的分类
- 所有者权益
  - 概念
  - 来源
- 收入
  - 概念与特征
  - 收入的确认条件
  - 收入的分类
- 费用
  - 概念与特征
  - 费用的确认条件
  - 费用的分类
- 利润
  - 利润的概念
  - 利润的分类

会计等式
- 会计等式的表现形式
  - 财务状况等式
  - 经营成果等式
  - 会计扩展等式
- 经济业务对会计等式的影响

会计要素与恒等式

第三章　略有小成：科目与账户

● 第1节　会计常用名：会计科目

一、会计科目的概念

 案例导入【例3-1】

　　小堂逛超市，想要买两千克草莓做草莓奶昔，那我们需要进入超市，找到水果售卖区域，再找到草莓。

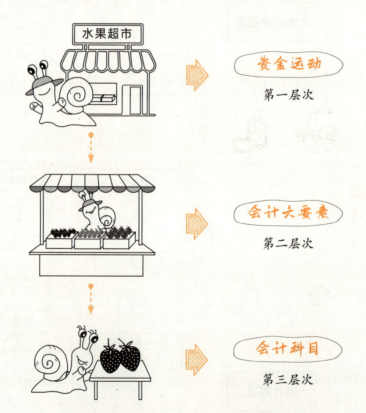

超市　　会计要素

水果、蔬菜等是超市销售商品的总类目，想要知道水果、蔬菜的数量，需要去数各类目下的具体内容。

会计要素是账务处理的总类目，想要知道资产、负债等情况，需要去看各类目下的具体科目。

总类目

水果　　蔬菜　　百货　…　　资产　　负债　　所有者权益　…

具体内容　　　　　　具体内容

苹果　　花菜　　箱子　　　原材料　固定资产　无形资产　　短期借款　长期借款　应付账款　　实收资本　资本公积　盈余公积

图 3-1　会计要素和会计科目的类比

我们为了进一步记录不同的资产或者负债，做更加详细的记录，就引入了会计科目。例如，固定资产和现金虽然都属于资产，但它们的经济内容，以及在经济活动中的周转方式和所引起的作用各不相同。

会计科目，简称"科目"，是对会计要素的具体内容进行分类核算的项目。

二、会计科目的分类

会计科目可以按其反映的经济内容、所提供信息的详细程度及其统驭关系分类。

（一）按反映的经济内容分类

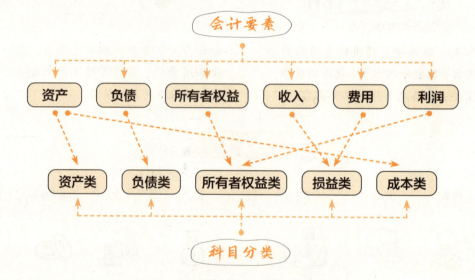

图 3-2　会计科目按其反映的经济内容分类

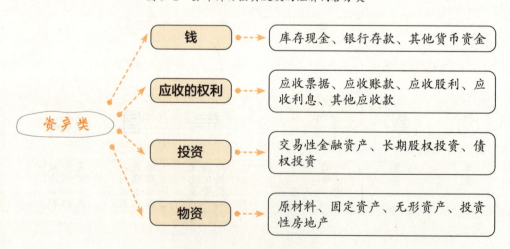

图 3-3　资产类常用科目

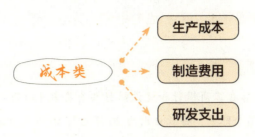

图 3-4　成本类常用科目

📝 小贴士

① 生产、制造与研发都在成本里面不分家。

② 成本类与资产类的关系属于"前世今生"，"生产成本"为未生产完的产品（在产品），"资产"为生产完工后的库存商品。

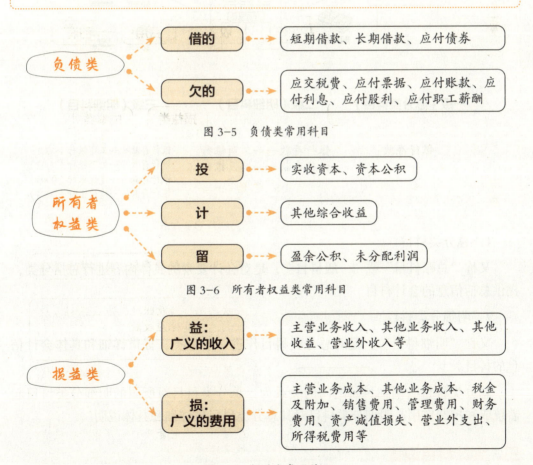

图 3-5　负债类常用科目

图 3-6　所有者权益类常用科目

图 3-7　损益类常用科目

（二）按提供信息的详细程度及其统驭关系分类

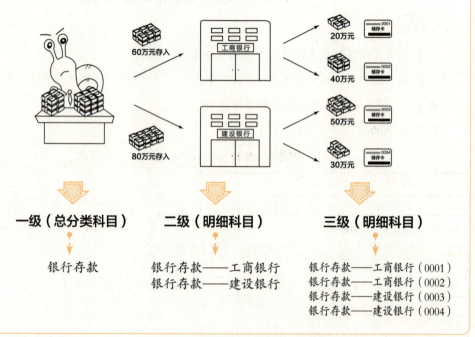

案例导入【例3-2】

小堂的名堂奶茶店在工商银行和建设银行共有存款140万元，且工商银行有尾号为0001与0002两个账户，存款分别为20万元与40万元；建设银行有尾号为0003与0004两个账户，存款分别为50万元和30万元。

1. 总分类科目

又称"总账科目"或"一级科目"，是对会计要素的具体内容进行总括分类，提供总括信息的会计科目。

2. 明细分类科目

又称"明细科目"，是对总分类科目作进一步分类，提供详细和具体会计信息的科目。

总分类科目与明细科目之间的关系为：总分类科目对所属的明细分类科目起着统驭和控制作用，明细分类科目对其总分类科目作详细和具体说明。

三、会计科目设置

（一）会计科目设置的原则

由于各单位经济业务活动的具体内容、规模大小与业务繁简程度等情况不同，因此在设置会计科目时应遵循下列基本原则：

1．合法性原则

设置会计科目要符合国家统一的会计制度的规定。为了保证会计信息的可比性，总分类科目原则上由财政部统一制定。

2．相关性原则

会计科目的设置，应当为有关各方提供所需要的会计信息服务，满足对外报告与对内管理的要求。

3．实用性原则

应根据企业自身特点，设置符合企业需要的会计科目。如商贸企业就没有必要设置"生产成本""制造费用"等科目。

（二）会计科目"大白话"秒懂会计科目

企业常用的会计科目如表 3-1 所示。

表 3-1　常用的会计科目大白话

资产		负债	
银行存款：存在银行里的钱		**短期借款**：向银行借了10万，1年内还	
库存现金：放在保险柜里的钱		**应付利息**：借款到期除了归还本金10万，还要支付的利息	
其他货币资金：充值在公交卡里的钱，使用受限，可退回		**应付股利**：闺蜜入股我的奶茶店，赚钱后应付还未付的分红	
原材料：制作奶茶的牛奶、珍珠果、水果等		**应付账款**：采购原材料牛奶未支付的款项	
库存商品：制作完成并包装好可以出售的珍珠奶茶		**预收账款**：租出去的门面提前收到的一年的租金	
委托加工物资：我提供巧克力、牛奶、面粉，委托我朋友帮忙加工成巧克力蛋糕		**合同负债**：提前收到销售珍珠奶茶的定金	
应收账款：张三购买了珍珠奶茶与甜品，款项未支付		**应交税费**：欠国家的税钱	
合同资产：客户买了珍珠奶茶后表示，需要在喝完后的24小时内不拉肚子才支付的金额		**应付职工薪酬**：欠员工的工资	
存货跌价准备：当天下午还未卖出的巧克力蛋糕提前做好价格下跌的准备		**其他应付款**：应付的店铺租金，或收到的押金	
其他应收款：购买牛奶，已经支付卖家牛奶桶的押金，可以退回			
坏账准备：提前做好钱收不回来的准备，但不影响要收回来的账款		**所有者权益**	
预付账款：购物节预付的定金		**实收资本**：小堂夫妇投入名堂奶茶店的本钱	
交易性金融资产：买的短线股票		**资本公积**：闺蜜投入多给的钱（占10股，给了20元，多出来的10元）	
债权投资：买的国债，为了定期收息		**其他综合收益**：房子改为出租，价值上升	
在建工程：自己购买的还在装修过程中没有办法使用的门面		**盈余公积**：奶茶店赚到钱后，抽出一部分作为私房钱，以备不时之需	
固定资产：奶茶店的奶茶机		**未分配利润**：赚了钱，分了红，藏了私房钱后剩下的钱	
累计折旧：奶茶机做奶茶而被使用掉的价值			
无形资产：注册形成奶茶店的商标以及自创口味奶茶的配方			

（续表）

损益类	
主营业务收入	卖珍珠奶茶的收入（主业）
其他业务收入	卖原材料（比如：牛奶）的收入（副业）
主营业务成本	卖珍珠奶茶时，珍珠奶茶的成本（主业）
其他业务成本	卖牛奶时，牛奶的成本（副业）
销售费用	为了卖珍珠奶茶，入驻美团，美团收取的提成
管理费用	日常经营奶茶店的水费、电费、杂七杂八的费用
财务费用	利息支出
投资收益	股票5块钱买入，6块钱卖出赚的钱
资产处置损益	卖房子、卖设备赚的钱
营业外收入	找零给顾客，顾客不要的钱
营业外支出	被环卫局罚款的支出

零基础学会计就上会计学堂APP，理论＋实操课，由简入繁系统学习，实用性强上岗更轻松，会计学堂是财务人员学习互助的交流平台。

● 第2节 记账对象：要素分账户，借贷伴左右

一、账户的概念与分类

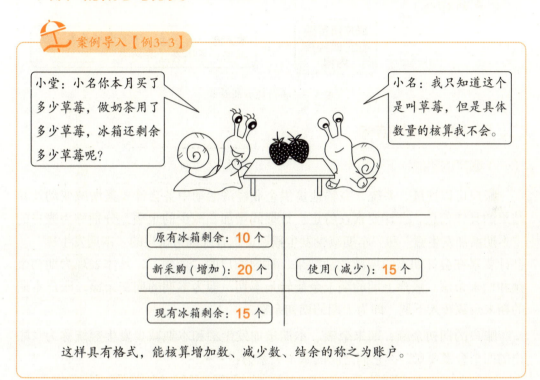

这样具有格式，能核算增加数、减少数、结余的称之为账户。

 链接

在实际工作中，会计科目和会计账户不加严格区分，而是相互通用的。

（一）账户的概念

账户是根据会计科目设置的，具有一定的格式和结构，用于分类反映会计要素增减变动情况及其结果的载体，只有通过账户记录才能取得会计要素各项目的增减变动情况和结果。

（二）账户的分类

会计账户的设置就是依据会计科目设计的，所以会计账户的分类和会计科目的分类基本一致。具体如下：

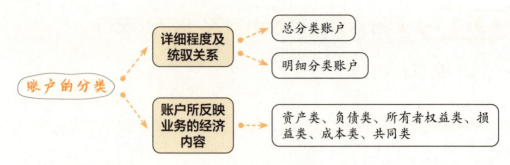

图 3-8　会计账户的分类

二、账户的功能与结构

（一）账户的功能

账户可以连续、系统、完整地提供企业经济活动中各会计要素增减变动及其结果的具体信息。会计要素在特定会计期间增加和减少的金额，分别称为账户的"本期增加发生额"和"本期减少发生额"，二者统称为账户的"本期发生额"。会计要素在会计期末的增减变动结果，称为账户的"余额"，具体表现为期初余额和期末余额。账户上期的期末余额转入本期，即为本期的期初余额；账户本期的期末余额转入下期，即为下期的期初余额。

账户的期初余额、期末余额、本期增加发生额和本期减少发生额统称为"账户的四个金额要素"。它们之间的基本关系为：

期末余额＝期初余额＋本期增加发生额－本期减少发生额

账户的本期发生额说明特定资金项目在某一会计期间的变动状况，提供"动态"经济指标；账户余额说明特定资金项目在某一时刻的存在状况，提供"静态"经济指标。

（二）账户的结构

账户具有名称，也具有一定的结构。账户的结构是指账户的组成部分及其相互关系。账户一般可以划分为左、右两方，用来分类登记经济业务及其会计要素的增减变动的结果。

账户一般应包括以下内容：

（1）账户名称，即会计科目；

（2）日期，即所依据的记账凭证中注明的日期；

（3）凭证字号，即所依据的记账凭证的编号；

（4）摘要，即经济业务的简要说明；

（5）金额，即增加额、减少额和余额。

账户的一般结构如图 3-9 所示。

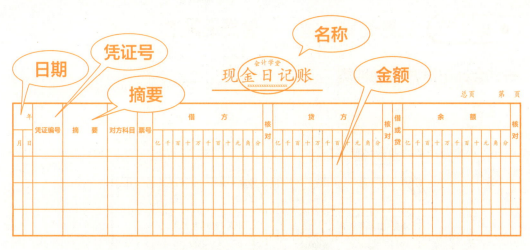

图 3-9 账户的一般结构

从账户名称、记录增加额和减少额的左、右两方来看，账户结构在整体上类似于汉字"丁"和大写的英文字母"T"，因此，账户的基本结构被形象地称为"丁"字账户或 T 型账户。具体如图 3-10 所示。

图 3-10 账户的基本结构

三、账户与会计科目的关系

会计科目与账户二者既有联系，又有区别。会计科目与账户都是对会计对象具体内容的分类，两者核算内容一致，性质相同。会计科目是账户的名称，也是设置账户的依据；账户是设置会计科目的具体运用，具有一定的结构和格式，并通过其结构反映某项经济内容的增减变动及余额。

第3节 记账有章可循——借贷记账法

一、会计记账方法的种类

案例导入【例3-4】

小堂与小名的两张记账单：

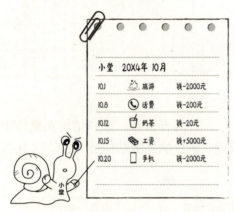

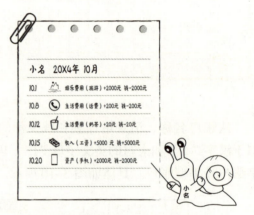

思考

哪种是单式记账，哪种是复式记账？哪一种记账方式更有优势？

小堂为单式记账，小名为复式记账。单式记账法只能关注到钱进钱出的金额，但是复式记账法既能关注到钱进钱出的金额，也能关注到钱的来源和钱的去处，所以复试记账法更有优势。

（一）单式记账法

单式记账法是指对发生的每一项经济业务，只在一个账户中加以登记的记账方法。这样既不能反映经济业务的来龙去脉，也不便于检查账户记录的正确性。

（二）复式记账法

1. 概念

复式记账法是指对于每一笔经济业务，都必须用相等的金额在两个或者两个以上相互联系的账户中进行登记，全面系统地反映会计要素增减变化的一种记账方法。现代会计运用复式记账法进行记账。

2. 优点

与单式记账法相比，复式记账法的优点主要有两个：

（1）能够全面反映经济业务内容和资金运动的<u>来龙去脉</u>；

（2）能够进行<u>试算平衡</u>，便于查账和对账。

3. 种类

复式记账法可分为<u>借贷记账法</u>、<u>增减记账法</u>和<u>收付记账法</u>等。<u>借贷记账法</u>是目前国际上通用的记账方法。我国《企业会计准则——基本准则》规定，企业应当采用借贷记账法记账。

二、借贷记账法

案例导入【例3-5】

小堂夫妇一起去吃火锅

小贴士

辣锅跟清汤的两面性，就类似于账户的增加和减少的两面性，我们给这种两面性取了两个名字叫借方跟贷方，借方跟贷方没有任何实质性的含义，就是个代号。至于借方是增加还是贷方是增加，那要看科目的性质。就像是有人喜欢辣锅有人喜欢清汤。

图3-11 账户结构图

（一）借贷记账法的概念

借贷记账法是以会计基本等式作为理论基础，以"借""贷"作为记账符号，记录会计要素增减变动情况的一种复式记账法。

（二）借贷记账法下账户的结构

1. 借贷记账法下账户的基本结构

一般情况下，资产、成本和费用类账户的增加用"借"表示，减少用"贷"表示；负债、所有者权益和收入类账户的增加用"贷"表示，减少用"借"表示。备抵账户的结构与所调整账户的结构正好相反。如下图：

费用＋成本＋资产			＝	负债＋所有者权益＋收入	
借＋	贷－			借－	贷＋

图 3-12　借贷记账法下账户的"增""减"示意图

　资成费→借增贷减；收负所→借减贷增。

2. 资产和成本类账户的结构（左边）

在借贷记账法下，资产类、成本类账户的借方登记增加额，贷方登记减少额，期末余额一般在借方。其余额计算公式为：

本期借方余额＝期初借方余额＋本期借方发生额－本期贷方发生额

借方	资产和成本类账户	贷方
期初余额		
本期增加额		本期减少额
本期借方发生额合计		本期贷方发生额合计
期末余额		

图 3-13　资产和成本类账户的结构

 链接

资产备抵类科目的账户性质与资产类科目性质完全相反；

备抵类科目有：坏账准备，累计折旧、累计摊销、存货跌价准备，固定资产减值准备、无形资产减值准备。

3. 负债和所有者权益类账户的结构（右边）

负债和所有者权益类账户贷方登记增加额，借方登记减少额，期末余额一般为贷方余额，其计算公式为：

期末贷方余额＝期初贷方余额＋本期贷方发生额－本期借方发生额

借方	负债和所有者权益	贷方
本期减少额	期初余额 本期增加额	
本期借方发生额合计	本期贷方发生额合计	
	期末余额	

图 3-14　负债和所有者权益类账户的结构

4. 损益类账户的结构

损益类账户主要包括收入类账户和费用类账户。

（1）收入类账户的结构

根据会计等式"资产＋费用＝负债＋所有者权益＋收入"可以看出，收入与权益同处于等式的右方，因此其结构与权益类账户结构基本相同，都是借方登记减少额，贷方登记增加额。本期收入净额在期末转入"本年利润"账户，用以计算当期损益，结转后无余额。具体结构如图 3-15 所示。

借方	收入类账户	贷方
本期减少额或转销额	本期增加额	
本期借方发生额合计	本期贷方发生额合计	

图 3-15　收入类账户的结构

（2）费用类账户的结构

费用类账户与资产类账户结构基本相同，都是借方登记增加额，贷方登记减少额，本期费用净额在期末转入"本年利润"账户，用以计算当期损益，结转后无余额。具体结构如图 3-16 所示。

借方	费用类账户	贷方
本期增加额		本期减少额或转销额
本期借方发生额合计		本期贷方发生额合计

图 3-16 费用类账户的结构

小贴士

表 3-2 账户结构总结

账户类别		借方	贷方	余额	计算公式
资产类、成本类		+	－	借方	期末余额＝期初余额＋本期借方发生额－本期贷方发生额
负债类、所有者权益类		－	+	贷方	期末余额＝期初余额＋本期贷方发生额－本期借方发生额
损益类	费用类	+	－	转入"本年利润"，结转后无余额	
	收入类	－	+		
备注：备抵账户的结构与所调整账户的结构正好相反					

（三）借贷记账法的记账规则

按照复式记账原理，对发生的每一项经济业务，都以相等的金额记入一个账户的借方，同时记入另一个或几个账户的贷方；或者在记入一个账户的贷方同时记入另一个或几个账户的借方。任何经济业务都不例外。记账规则为：有借必有贷，借贷必相等。

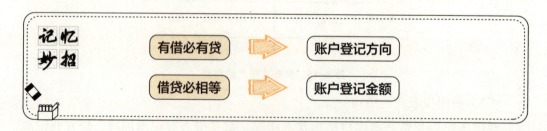

记忆妙招

有借必有贷 ➡ 账户登记方向

借贷必相等 ➡ 账户登记金额

案例导入【例3-6】

名堂奶茶店从银行提取现金 2 000 元备用。

该项经济业务一方面使资产类账户的"库存现金"增加 2 000 元，记入该账户的借方；另一方面使资产类另一账户的"银行存款"减少 2 000 元，记入该账户的贷方，借贷金额相等。依据这两个账户的性质，将该经济业务用 T 型账户表示如下（图3-17）：

借方	银行存款	贷方		借方	库存现金	贷方
期初余额 ★★★				期初余额 ★★★		
		2 000		2 000		

图 3-17　经济业务 T 型账户

案例导入【例3-7】

名堂奶茶店收到小堂夫妇投入银行存款 50 000 元存入银行。

该项经济业务一方面使资产类账户"银行存款"增加 50 000 元，记入该账户的借方；另一方面使所有者权益类账户"实收资本"增加了 50 000 元，记入该账户的贷方，借贷金额相等。依据这两个账户的性质，将该经济业务用 T 型账户表示如下（图3-18）：

借方	实收资本	贷方		借方	银行存款	贷方
期初余额 ★★★		期初余额 ★★★		期初余额 ★★★		
		50 000		50 000		

图 3-18　经济业务 T 型账户

案例导入【例3-8】

名堂奶茶店已到期的应付票据 10 000 元，因无力支付转为应付账款。

此项经济业务一方面使负债类账户"应付账款"增加 10 000 元，记入该账户的贷方；另一方面使负债类账户"应付票据"减少了 10 000 元，记入该账户的借方，借贷金额相等。依据这两个账户的性质，将该经济业务用 T 型账户表示如下（图3-19）：

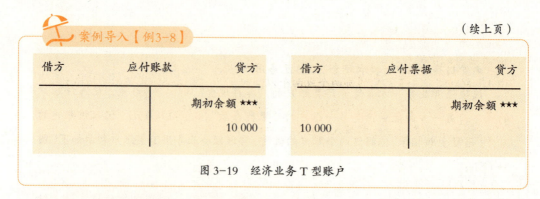

图 3-19　经济业务 T 型账户

（四）借贷记账法下的账户对应关系与会计分录

1. 账户的对应关系

账户的对应关系是指采用借贷记账法对每笔交易或事项进行记录时，相关账户之间形成的应借、应贷的相互关系。存在对应关系的账户称为"对应账户"。

在【例3-7】中，借方的"银行存款"和贷方的"实收资本"是此笔经济业务所涉及的两个账户。"银行存款"和"实收资本"两个账户称为"对应账户"，这两个账户形成的应借、应贷的相互关系称为"对应关系"。

2. 会计分录

（1）会计分录的含义

会计分录简称为"分录"，是对每项经济业务列示出应借、应贷的账户名称及其金额的一种记录。会计分录由应借应贷方向、相互对应的科目及其金额三个要素构成。在我国，会计分录记载于记账凭证中。

为了更好地理解、运用会计分录，将【例3-6】至【例3-8】三笔经济业务用会计分录记录如下：

　①借：库存现金　　　　　　　　　　　2 000

　　　贷：银行存款　　　　　　　　　　　　　　2 000

　②借：银行存款　　　　　　　　　　50 000

　　　贷：实收资本　　　　　　　　　　　　　50 000

　③借：应付票据　　　　　　　　　　10 000

　　　贷：应付账款　　　　　　　　　　　　　10 000

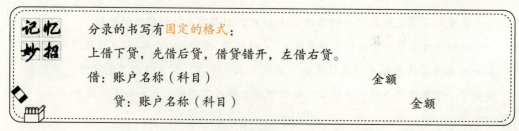

分录的书写有**固定的格式**：

上借下贷，先借后贷，借贷错开，左借右贷。

借：账户名称（科目）　　　　　　　金额

　　贷：账户名称（科目）　　　　　　　金额

✏️|**小贴士**

分录书写的步骤总结：

（1）判断经济业务影响的哪两个或两个以上的账户，以及判断发生额的增减；

（2）根据账户的类型以及增减情况判断账户的借贷方向；

（3）将经济业务的发生额填入相应的账户中。

（2）会计分录的分类

会计分录按其对应账户的多少分为简单会计分录和复合会计分录。

具体如图 3-20 所示：

图 3-20　会计分录的分类

零基础入门阶段主要掌握简单会计分录即可，如上面的【例 3-6】至【例 3-8】的会计分录都是简单的会计分录。在实际工作中，不同类型的经济业务不可以合并编制复合会计分录，除非是同一经济业务。对复合分录举例如下：

🏃 案例导入【例3-9】

　　小堂采购名堂奶茶店的原材料牛奶，价款共计 100 000 元，但小堂当时只支付了 70 000 元，剩余款项尚未支付。

　　此项经济业务一方面使资产类账户"原材料"增加 100 000 元，记入该账户的借方；另一方面使资产类账户"银行存款"减少了 70 000 元，记入该账户的贷方，以及使负债类账户"应付账款"增加了 30 000 元，计入该账户的贷方，借贷金额相等。

　　分录为：

借：原材料　　　　　　　　　　　　　　　100 000

　　贷：银行存款　　　　　　　　　　　　　　　　70 000

　　　　应付账款　　　　　　　　　　　　　　　　30 000

（五）借贷记账法下的试算平衡

💡 思考

既然每一笔账务处理都有借方和贷方，那有什么方法去测试借贷是否平衡呢？

做了这么久的账，我怎么知道我做的对不对呢？

每一笔账务处理都是有借方和贷方，而且借贷方的金额相等，也就是说明所有借方金额和贷方金额加总起来应该相等。

会计有恒等式"资产＝负债＋所有者权益"资产余额在借方，负债、所有者权益余额在贷方，那也说明借方余额等于贷方余额。

🔗 链接

涉及到实物资产的核对，也可以使用财产清查，核对账上余额与实物余额是否相符，来检查账务处理的正确性。

1. 试算平衡的含义

试算平衡，是指根据借贷记账法的记账规则和资产与权益的恒等关系，通过对所有账户的发生额和余额的汇总计算和比较，来检查记录是否正确的一种方法。

2. 试算平衡的分类

试算平衡包括发生额试算平衡和余额试算平衡。

（1）发生额试算平衡

发生额试算平衡的依据是借贷记账法"有借必有贷，借贷必相等"的记账规则，即全部账户本期借方发生额合计与全部账户本期贷方发生额合计保持平衡。

公式：

全部账户本期借方发生额合计＝全部账户本期贷方发生额合计

发生额试算平衡是用来检验本期发生额记录是否正确的方法。在实际工作中，本项工作是通过编制发生额试算平衡表进行的，如表3-3所示。

表3-3　发生额试算平衡表

年　月　日　　　　　　　　　　　　　　　　　　单位：元

会计科目	本期借方发生额	本期贷方发生额
合　计		

（2）余额试算平衡

余额试算平衡的依据是借贷记账法以"资产＝负债＋所有者权益"这一基本等式作为记账原理。根据余额的时间不同，可分为期初余额平衡和期末余额平衡。本期的期末余额平衡，结转到下一期，就成为下一期的期初余额平衡。

这种关系也可用下列公式表示：

全部账户的借方期初余额合计＝全部账户的贷方期初余额合计

全部账户的借方期末余额合计＝全部账户的贷方期末余额合计

在实际工作中，本项工作是通过编制余额试算平衡表进行的，如表3-4所示。

表3-4　余额试算平衡表

年　月　日　　　　　　　　　　　　　　　　　　单位：元

会计科目	本期借方余额	本期贷方余额
合　计		

（三）试算平衡表的编制

试算平衡表通常是在期末结出各账户的本期发生额合计和期末余额后编制的。试算平衡表中一般应设置"期初余额""本期发生额"和"期末余额"三大栏目，其下分设"借方"和"贷方"两个小栏。各大栏中的借方合计与贷方合计应该平衡相等，否则便存在记账错误。为了简化表格，试算平衡表也可只根据各个账户的本期发生额编制，不填列各账户的期初余额和期末余额。试算平衡表的通常格式如表3-5所示。

表3-5 试算平衡表

年 月 日   单位：元

会计科目	期初余额		本期发生额		期末余额	
	借方	贷方	借方	贷方	借方	贷方
合　计						

在实务中，通常是在月末进行一次试算平衡，即可以分别编制发生额试算平衡表和余额试算平衡表，也可以将两者合并编制成一张发生额及余额试算平衡表。

 案例导入【例3-10】

20×4年7月初，名堂奶茶店有关账户余额如表3-6（单位：元）所示。

表3-6 名堂奶茶店有关账户余额

资产	期初余额	负债和所有者权益	期初余额
库存现金	30 000	短期借款	60 000
银行存款	280 000	应付账款	100 000
原材料	50 000	实收资本	200 000

本月发生的经济业务如下：

（1）从银行提取现金10 000元备用；

（2）收到某投资者投入货币资金50 000元，并存入银行；

（3）用银行存款归还前欠应付账款10 000元；

（4）向银行借入短期借款30 000元；

（5）预付货款80 000元；

（6）购入材料一批，价值20 000元，假定不考虑税费，以银行存款支付。

要求：利用已知数据，编制会计分录，并编制余额试算平衡表。

根据第（1）～（6）项经济业务，编制会计分录如下：

① 借：库存现金   10 000

         贷：银行存款   10 000

② 借：银行存款   50 000

         贷：实收资本   50 000

③ 借：应付账款   10 000

         贷：银行存款   10 000

（续上页）

④借：银行存款   30 000

      贷：短期借款   30 000

⑤借：预付账款   80 000

      贷：银行存款   80 000

⑥借：原材料   20 000

      贷：银行存款   20 000

根据表3-6以及上面的第①～⑥项会计分录登记总分类账户，在20×4年7月31日结算出7月的本期借贷双方的发生额及期末余额，如图3-21至图3-27所示。

借方	库存现金		贷方
期初余额	30 000		
①	10 000		
本期借方发生额合计	10 000	本期贷方发生额合计	0
期末余额	40 000		

图 3-21 库存现金账户图

借方	银行存款		贷方
期初余额	280 000		
②	50 000	①	10 000
④	30 000	③	10 000
		⑤	80 000
		⑥	20 000
本期借方发生额合计	80 000	本期贷方发生额合计	120 000
期末余额	240 000		

图 3-22 银行存款账户图

（续上页）

案例导入【例3-10】

借方		原材料	贷方	
期初余额	50 000			
⑥	20 000			
本期借方发生额合计	20 000	本期贷方发生额合计		0
期末余额	70 000			

图 3-23　原材料账户图

借方		预付账款	贷方	
期初余额	0			
⑤	80 000			
本期借方发生额合计	80 000	本期贷方发生额合计		0
期末余额	80 000			

图 3-24　预付账款账户图

借方		短期借款	贷方	
		期初余额		60 000
		④		30 000
本期借方发生额合计	0	本期贷方发生额合计		30 000
		期末余额		90 000

图 3-25　短期借款账户图

借方		应付账款	贷方	
		期初余额		100 000
③	10 000			
本期借方发生额合计	10 000	本期贷方发生额合计		0
		期末余额		90 000

图 3-26　应付账款账户图

（续上页）

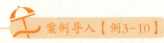

案例导入【例3-10】

借方	实收资本		贷方
	期初余额	200 000	
	②	50 000	
本期借方发生额合计　0	本期贷方发生额合计	50 000	
	期末余额	250 000	

图 3-27　实收资本账户图

根据题中各账户的期初余额、本期借方发生额、本期贷方发生额和期末余额编制总分类账户试算平衡表如表3-7（单位：元）。

表3-7　总分类账户试算平衡表

会计科目	期初余额		本期发生额		期末余额	
	借方	贷方	借方	贷方	借方	贷方
库存现金	30 000		10 000		40 000	
银行存款	280 000		80 000	120 000	240 000	
原材料	50 000		20 000		70 000	
预付账款			80 000		80 000	
短期借款		60 000		30 000		90 000
应付账款		100 000	10 000			90 000
实收资本		200 000		50 000		250 000
合　计	360 000	360 000	200 000	200 000	430 000	430 000

由表3-7得知，本期借方发生额合计数等于本期贷方发生额合计数；本期借方期末余额等于本期贷方期末余额。

编制试算平衡表时应注意：

（1）必须保证所有账户的余额均已记入试算平衡表。

（2）如果试算平衡表借贷不相等，肯定账户记录有错误，应认真查找，直到实现平衡为止。

（3）即便实现了试算平衡，并不能说明账户记录绝对正确，因为有些错误并不会影响借贷双方的平衡关系。

小贴士

无法通过试算平衡查出的错误有：

（1）漏记某项经济业务；

（2）重记某项经济业务；

（3）应借、应贷科目正确，但借贷双方金额同时多记或少记相等金额；

（4）某项经济业务记错有关账户；

（5）某项经济业务在账户记录中，颠倒了记账方向；

（6）借方或贷方发生额中，偶然发生多记或少记，并相互抵销。

记忆 妙招　　所有不影响借贷方平衡的错误，试算平衡都无法查出。

章节小问

　　1. 名堂奶茶店应收账款 100 万元，但对方公司经营不善，很有可能只能收回 80 万元，20 万元收不回，根据谨慎性原则，需要计提 20 万元的坏账准备，应该如何做分录？

　　2. 名堂奶茶店账务处理已经试算平衡，但是如何检查保险柜里的现金是否跟账上记录一致呢？

本章小结

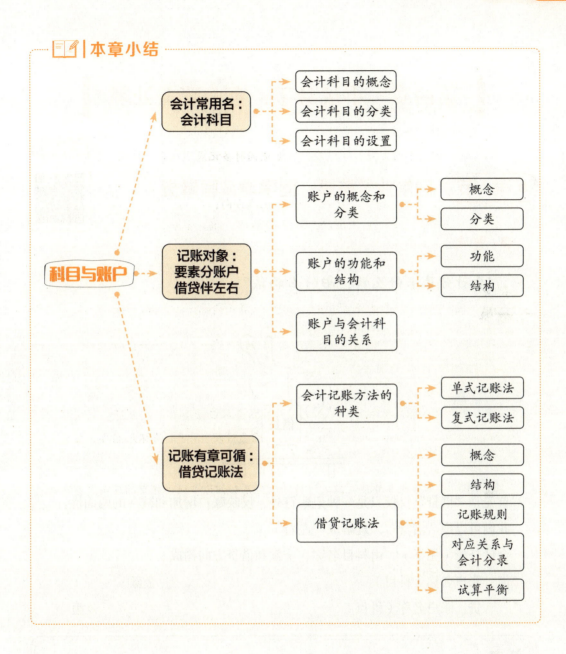

第四章　小试身手：企业账务处理

扫"码"听课

第1节 日常业务核算：何事增减画借贷

 思考

> 会计分录长什么样，由什么构成？

首先，"借贷"仅仅只是一种记账符号，反映账户增加和减少的两面性。

我们可以把"借贷"，理解成"左右"。

会计分录（见下），由科目名称、金额和借贷方向构成。

借：账户名称（科目）　　　　　　　　　　　　金额

　　贷：账户名称（科目）　　　　　　　　　　　　金额

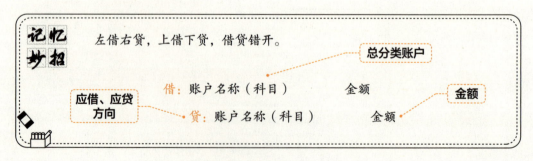

一、编制会计分录的步骤

1. 定科目：分析经济业务，确定会计科目
2. 定方向：根据科目性质增减变化，确定记账方向
3. 定金额

二、企业的主要经济业务

（一）资金筹集

1. 企业新成立，收到股东投资

 案例导入【例4-1】

　　小堂和小名想搞出点名堂，于是成立名堂奶茶店，主营珍珠奶茶，小堂投入80万元，小名投入价值20万元制作奶茶的器具，编制分录如下。

分录为：

借：银行存款　　　　　800 000

　　固定资产　　　　　200 000

　　贷：实收资本／股本　　1 000 000

借方	银行存款	贷方
800 000		

借方	固定资产	贷方
200 000		

借方	实收资本／股本	贷方
		1 000 000

图4-1　经济业务T型账户

2. 借入外债

名堂奶茶店向银行借入50万元银行存款，为期3年。

借：银行存款　　　　　500 000

　　贷：长期借款　　　　　500 000

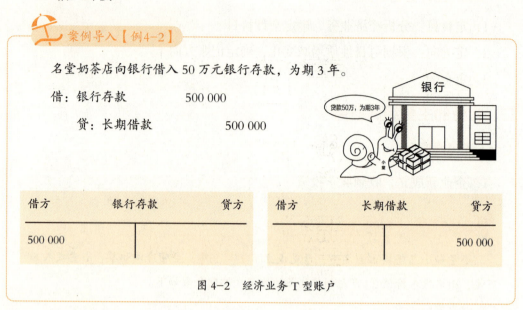

借方	银行存款	贷方
500 000		

借方	长期借款	贷方
		500 000

图 4-2　经济业务 T 型账户

（二）资金循环

有了初始资金，名堂奶茶店开始购买各种原料（比如珍珠果、水果、茶叶等），主营生产速溶性的珍珠奶茶，再卖奶茶收回钱。这个过程叫就叫作资金循环。

1. 供应阶段

名堂奶茶店从乙批发市场购入8万元原材料水果，2万元茶叶，1万元珍珠果，款项未付。

借：原材料——水果　　80 000

　　　　——茶叶　　20 000

　　　　——珍珠果　10 000

　　贷：应付账款——乙公司　110 000

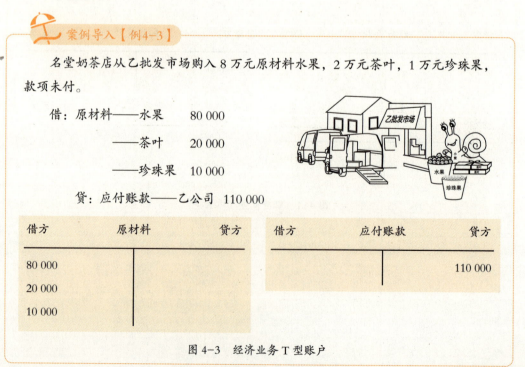

借方	原材料	贷方
80 000		
20 000		
10 000		

借方	应付账款	贷方
		110 000

图 4-3　经济业务 T 型账户

2. 生产阶段

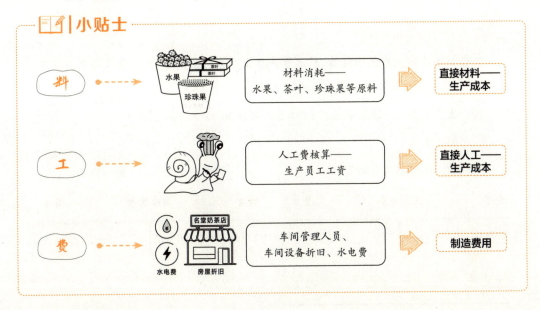

（1）材料消耗

案例导入【例4-4】

奶茶店领用4万元水果，1万元茶叶，0.5万元珍珠果用于生产速溶奶茶。

借：生产成本——速溶奶茶　　　　　　　　　　55 000

　　贷：原材料——水果　　　　　　　　　　　　　　40 000

　　　　　　——茶叶　　　　　　　　　　　　　　　10 000

　　　　　　——珍珠果　　　　　　　　　　　　　　5 000

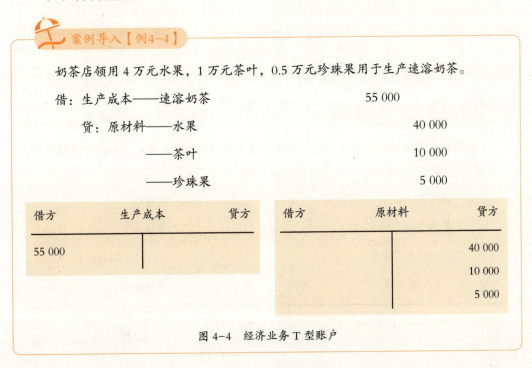

图4-4　经济业务T型账户

（2）人工费的核算

案例导入【例4-5】

假设奶茶店的生产流水线有20名生产员工，每月出勤20天，每人每天应发工资50元，流水线的监工月工资为10 000元。

借：生产成本——速溶奶茶 （20×20×50＝20 000元）20 000

制造费用 10 000

贷：应付职工薪酬 30 000

借方	生产成本	贷方
20 000		

借方	制造费用	贷方
10 000		

借方	应付职工薪酬	贷方
		30 000

图4-5　经济业务T型账户

（3）车间设备折旧、水电费等

案例导入【例4-6】

奶茶店当月共消耗水电3万元，其中奶茶生产线消耗2.5万元，办公室消耗水电0.5万元，用银行卡支付。

借：制造费用——水电 25 000

管理费用——水电 5 000

贷：银行存款 30 000

借方	制造费用	贷方
25 000		

借方	管理费用	贷方
5 000		

借方	银行存款	贷方
		30 000

图4-6　经济业务T型账户

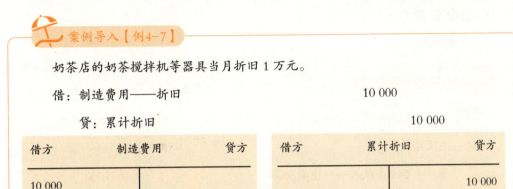

案例导入【例4-7】

奶茶店的奶茶搅拌机等器具当月折旧1万元。

借：制造费用——折旧　　　　　　　　　　　10 000

　　贷：累计折旧　　　　　　　　　　　　　　10 000

借方	制造费用	贷方		借方	累计折旧	贷方
10 000						10 000

图4-7　经济业务T型账户

（4）奶茶入库

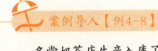

案例导入【例4-8】

名堂奶茶店生产入库了10万袋速溶奶茶，当期全部生产完工。

借：库存商品——速溶奶茶　　（75 000＋45 000）120 000

　　贷：生产成本　　　　　　　　（55 000＋20 000）75 000

　　　　制造费用　　（10 000＋25 000＋10 000）45 000

借方	库存商品	贷方		借方	生产成本	贷方
120 000						75 000

借方	制造费用	贷方
		45 000

图4-8　经济业务T型账户

小贴士

3. 销售阶段

（1）确认收入

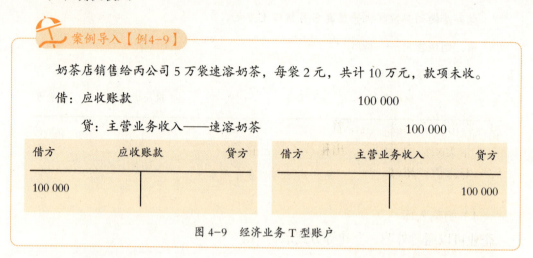

案例导入【例4-9】

奶茶店销售给丙公司5万袋速溶奶茶，每袋2元，共计10万元，款项未收。

借：应收账款　　　　　　　　　　　　　　　　100 000

　　贷：主营业务收入——速溶奶茶　　　　　　　　　100 000

借方	应收账款	贷方		借方	主营业务收入	贷方
100 000						100 000

图4-9　经济业务T型账户

（2）结转成本

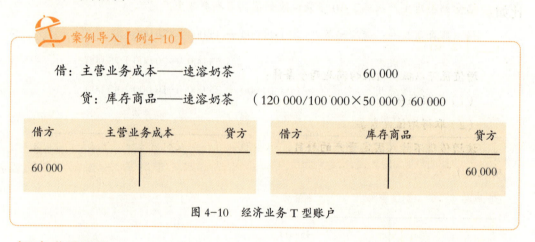

案例导入【例4-10】

借：主营业务成本——速溶奶茶　　　　　　　60 000

　　贷：库存商品——速溶奶茶　（120 000/100 000×50 000）60 000

借方	主营业务成本	贷方		借方	库存商品	贷方
60 000						60 000

图4-10　经济业务T型账户

（三）分配利润

　　名堂奶茶店卖奶茶的收入减掉奶茶的材料成本、各项费用（如折旧、人工工资）后的差额，形成奶茶店的利润。一部分用于给两位股东小堂和小名分红，一部分资金以留存收益等形式继续参与奶茶店的资金周转。

第2节　企业买大件：固定资产怎么记账

一、固定资产概述

（一）固定资产：寿命长，价值高，有形的资产

（二）固定资产的特征

1. 有形：看得见，摸得着
2. 非卖品：用于生产、出租或者经营管理的
3. 寿命长：超过一年

二、固定资产的成本确认

企业可以通过外购、自建等方式取得固定资产。

外购固定资产的成本就是花多少钱记多少。包括买设备的价款、相关税费等，比如运输费、装卸费、安装费和专业人员服务费等。

> 📝 **小贴士**
>
> 增值税可以抵扣的采购满足两个条件：
>
> （1）一般纳税人；
>
> （2）取得增值税专票。
>
> 该增值税不计入固定资产的科目，而单独计入"应交税费——应交增值税（进项税额）"。

案例导入【例4-11】

小堂给奶茶店里买了一套净水处理设备，取得的增值税专用发票，价款为50 000元，增值税税额为6 500元，款项以银行卡支付。奶茶店属于增值税一般纳税人，该固定资产的成本是多少呢？

固定资产的成本＝50 000（元）

三、固定资产折旧

（一）固定资产折旧的概念

折旧是指在资产使用寿命内，按照确定的方法进行分摊。

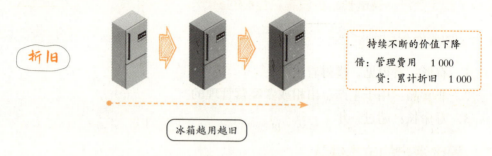

图 4-11　折旧

📝 小贴士

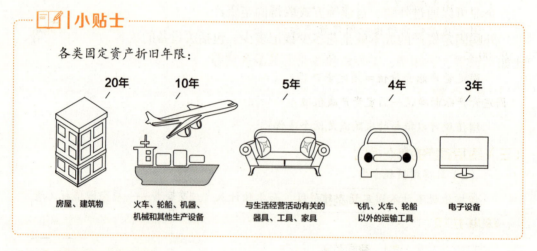

（二）影响折旧的因素

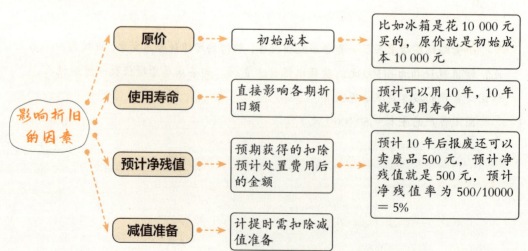

图 4-12　影响折旧的因素

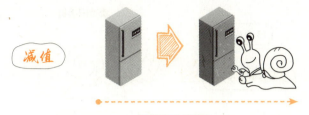

价值瞬间降低

借：资产减值损失　　　2 000
　　贷：固定资产减值准备　2 000

冰箱出了故障

图 4-13　减值

📝 小贴士

假设，冰箱花 10 000 元买的，提折旧 1 000 元，减值准备 2 000 元。

三个概念之间的关系：

固定资产原价（原值）= 10 000 元

固定资产账面净值＝固定资产原价（原值）－累计折旧＝ 10 000 － 1 000 ＝ 9 000 元

固定资产账面价值＝固定资产原价（原值）－累计折旧－固定资产减值准备＝固定资产账面净值－固定资产减值准备＝ 10 000 － 1 000 － 2 000 ＝ 7 000 元

（三）固定资产的折旧范围

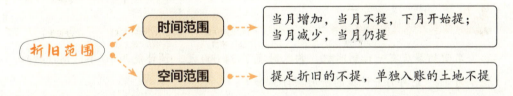

图 4-14　固定资产折旧范围

（四）固定资产的折旧方法

企业可选用的折旧方法有年限平均法、工作量法、双倍余额递减法和年数总和法等。零基础入门阶段要求重点掌握年限平均法和工作量法，简单了解双倍余额递减法和年数总和法即可。

1. 年限平均法

 思考

什么是年限平均法？

手机买进来花了 9 000 元是原值，最后卖出获得的 900 元是净残值，一共折旧 ＝ 9 000 － 900 ＝ 8 100 元。

每年折旧＝ 8 100 / 3 ＝ 2 700 元。

年限平均法，又称"直线法"，是指将折旧均匀地分摊到固定资产预计使用寿命内的一种方法。使用这种方法计算的每期折旧均相等。

其计算公式为：

年折旧率＝（1 －预计净残值率）/ 预计使用寿命

比如：一台手机的预计净残值率 5%，年折旧率＝（1 － 5%）/ 3 ＝ 31.67%。

月折旧率＝年折旧率 / 12

月折旧额＝固定资产原价 × 月折旧率

或月折旧额＝固定资产原价 ×［（1 －净残值率）/ 预计使用寿命（月）］

案例导入【例4-12】

名堂奶茶店有一台制冰机，购入时花了 24 000 元，预计能用 10 年，预计净残值率为 4%，则每月应计提的折旧额计算如下：

年折旧率＝（1 － 4%）/ 10×100% ＝ 9.6%

月折旧率＝ 9.6% / 12 ＝ 0.8%

月折旧额＝ 24 000×0.8% ＝ 192（元）

或月折旧额＝ 24 000×［（1 － 4%）/（10×12）］＝ 192（元）

2. 工作量法

 思考

什么是工作量法？

购进一辆新轿车花费 10 万元，该轿车一共可以跑 60 万公里，报废处理可卖 1 万元。

每万公里折旧＝（10－1）／60＝0.15 万元／万公里

假如当年跑了 10 万公里，当年折旧＝0.15×10＝1.5 万元。

工作量法是根据实际工作量，即用多少计算多少折旧的算法。计算公式如下：

固定资产月折旧额＝当月工作量 × 单位工作量折旧额

其中：单位工作量折旧额＝［固定资产原价 ×（1－预计净残值率）］／预计总工作量

案例导入【例4-13】

名堂奶茶店有封口机一台，采用工作量法计提折旧。原值为 6 000 元，预计总共能给 10 万杯奶茶做杯口密封。预计报废时的净残值率为 5%，当月已生产 3 000 杯奶茶。求本月应计提的折旧额。

每一杯奶茶的单位折旧额＝6 000 元×（1－5%）／100 000 杯＝0.057（元／杯）

本月折旧额＝3 000×0.057＝171（元）

小贴士

折旧方法，不得随意变更。

四、科目设置

（一）"工程物资"科目

思考

什么是工程物资？

案例导入【例4-14】

小堂找小王购买价值20万元的砖头、钢筋、水泥，准备新建一间奶茶店。

【分析】砖头、钢筋、水泥——非出售

【分录】

借：工程物资　　　200 000

　　贷：银行存款　　　　　200 000

非出售

"工程物资"，资产类科目，用以核算为在建工程准备的各项物资，包括工程用的砖头、钢筋、水泥等。

· 借方登记企业购入工程物资的成本。

· 贷方登记领用工程物资的成本。

· 期末余额在借方，反映企业期末为在建工程准备的各种物资的成本。

借方	工程物资	贷方
期初余额		
购入工程物资的成本	领用工程物资的成本	
期末为在建工程准备的各种物资成本		

图4-15　工程物资账户图

（二）"在建工程"科目

思考

什么是在建工程？

案例导入【例4-15】

小堂建造奶茶店铺，领用砖头、钢筋、水泥15万元，发生人工费12万元。

【分析】领用砖头、钢筋、水泥——在建工程

【分录】

借：在建工程　　　270 000

　　贷：工程物资　　　　　150 000

　　　　应付职工薪酬　　　120 000

在建工程

"在建工程"，资产类科目，用以核算基建、更新改造等工程的支出。

· 借方登记工程的支出。

· 贷方登记工程完工转出的成本。

· 期末余额在借方，反映期末尚未完工的工程成本。

借方	在建工程	贷方
期初余额		
工程的实际支出	工程完工转出的成本	
期末为在建工程尚未完工的工程成本		

图 4-16　在建工程账户图

（三）"固定资产"科目

案例导入【例4-16】

小堂新建的奶茶店完工了，达到预定用途，并准备开始使用。

【分析】达到预定可使用状态——固定资产

【分录】

借：固定资产　　　　　270 000

　　贷：在建工程　　　　　　270 000

"固定资产"，资产类科目，用以核算企业固定资产原价。

· 借方登记固定资产原价的增加。

· 贷方登记固定资产原价的减少。

· 期末余额在借方，反映企业期末固定资产的原价。

借方	固定资产	贷方
期初余额		
企业增加的固定资产原价	企业减少的固定资产原价	
期末固定资产的原价		

图 4-17　固定资产账户图

（四）"累计折旧"科目

思考

什么是累计折旧？

案例导入【例4-17】

小堂从小会店里买了一台价值10 000元的笔记本，预计使用年限3年，3年后小堂将笔记本卖给废品回收公司预计可收回1 000元。

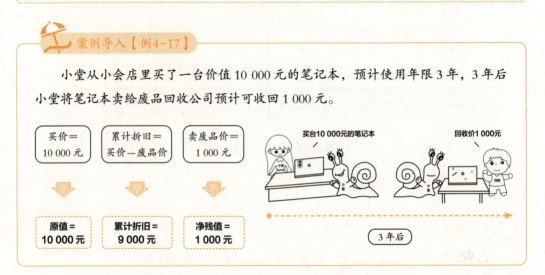

"累计折旧"，资产类备抵类科目，用以核算企业固定资产计提的累计折旧。

· 贷方登记按月提取的折旧额，即累计折旧的增加额。

· 借方登记累计折旧的减少额。

· 期末余额在贷方，反映期末固定资产的累计折旧额。

借方	累计折旧	贷方
因减少固定资产而转出的金额	期初余额 企业按月提取的折旧额	
	期末固定资产的累计折旧额	

图4-18 累计折旧账户图

📝| **小贴士**

企业按月计提的固定资产折旧，按照它的受益对象和用途计入相关的费用或者资产。具体如图 4-19 所示：

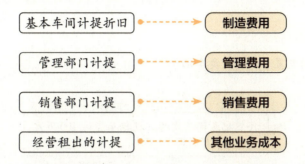

图 4-19　企业按月计提的固定资产折旧

借：销售费用、管理费用、制造费用、其他业务成本等

　　贷：累计折旧

谁受益，谁承担。

案例导入【例4-18】

小堂的企业采用年限平均法对固定资产计提折旧。20×4 年 6 月份根据"固定资产折旧计算表"，生产车间的折旧额为 60 000 元，管理部门的折旧额为 20 000 元，销售部门的折旧额为 10 000 元。计提折旧时，会计分录如下：

借：制造费用　　　　　　　　　　　　　　　　60 000

　　管理费用　　　　　　　　　　　　　　　　20 000

　　销售费用　　　　　　　　　　　　　　　　10 000

　　贷：累计折旧　　　　　　　　　　　　　　　　90 000

（五）"固定资产清理"科目

"固定资产清理"，资产类科目，固定资产发生出售、报废、毁损的时候才会出现。该科目核算被清理的固定资产、清理费用和清理收入。

 案例导入【例4-19】

固定资产的处置——小堂卖车记

我想把这辆车卖掉，这辆车当时100万元买的，已提折旧10万元，减值5万元。

好！我来处理，100－10－5＝85万元，85万元先转入固定资产清理。

【分录】
借：固定资产清理　　　　　850 000
　　累计折旧　　　　　　　100 000
　　固定资产减值准备　　　 50 000
　　贷：固定资产　　　　　　　　1 000 000

我要收你卖车的手续费1万元

【分录】
借：固定资产清理　　　　　 10 000
　　贷：银行存款　　　　　　　　 10 000

车卖了95万元。

【分录】
借：银行存款　　　　　　　950 000
　　贷：固定资产清理　　　　　　 860 000
　　　　资产处置损益　　　　　　　90 000

五、购入需要安装的固定资产的账务处理

需要安装的固定资产，应将购入时和安装过程中发生的相关支出，先记入"在建工程"科目核算，待安装完毕达到预定可使用状态时，再由"在建工程"科目转入"固定资产"科目。

借：在建工程　　　　　　　　　　　借：固定资产
　　贷：银行存款　　　　　　　　贷：在建工程

案例导入【例4-20】

5月20日小堂用银行存款给企业购入一台需要安装的电梯，拿到增值税专用发票，注明价款200 000元，增值税税额26 000元，另花费安装费40 000元并拿到增值税专用发票，税额3 600元。企业为增值税一般纳税人，应做出如下账务处理：

（1）5月20日购入时支付设备价款：

借：在建工程　　　　　　　　　　　　　　　　　200 000

　　应交税费——应交增值税（进项税额）　　　　　26 000

　　贷：银行存款　　　　　　　　　　　　　　　　　　226 000

（2）5月20日支付安装费：

借：在建工程　　　　　　　　　　　　　　　　　 40 000

　　应交税费——应交增值税（进项税额）　　　　　 3 600

　　贷：银行存款　　　　　　　　　　　　　　　　　　43 600

（3）5月25日设备安装完毕交付使用：

借：固定资产　　　　　　（200 000＋40 000）240 000

　　贷：在建工程　　　　　　　　　　　　　　　　　 240 000

第3节 企业买材料：采购材料业务怎么记账

一、材料的采购成本

 思考

材料的采购成本包括哪些内容？

付运费　　付装卸费　　付保险费　　保险公司

材料的采购成本是入库前发生的全部支出，包括购买价款、相关税费、装卸费、运输费、包装费、保险费等。

 记忆妙招

装、运、包、保险

📝 **小贴士**

下列费用不得计入原材料采购成本，应在发生时计入当期损益。

（1）非正常消耗，比如自然灾害；

（2）采购入库后发生的仓储费用；

（3）一般纳税人的增值税进项税额。

二、科目设置

企业通常设置以下科目对材料采购业务进行会计核算：

（一）"原材料"科目

 思考

什么是原材料？

"原材料"，资产类科目，用以核算企业库存的各种材料，包括原料及主要材料、辅助材料、外购半成品（外购件）、修理用备件（备品备件）、包装材料等成本。

· 借方登记已验收入库材料的成本。

· 贷方登记发出材料的成本。

· 期末余额在借方，反映企业库存材料的成本。具体如图所示：

借方	原材料	贷方
期初余额 已验收入库材料的成本	发出材料的成本	
库存材料的计划成本或实际成本		

图 4-20　原材料账户图

（二）"在途物资"科目

 思考

什么是在途物资？

"在途物资"，资产类科目，用来核算企业采用实际成本进行材料、商品等物资的日常核算、货款已付尚未验收入库的在途物资的采购成本。

· 借方登记购入材料、商品等物资的买价和采购费用。

·贷方登记已验收入库材料、商品等物资应结转的实际采购成本。

·期末余额在借方，反映企业期末在途材料、商品等物资的采购成本。具体如图所示：

借方	在途物资	贷方
期初余额 在途材料的实际采购成本	已验收入库材料的实际采购成本	
期末尚未验收入库的在途材料的 实际采购成本		

图 4-21　在途物资账户图

（三）"应付账款"科目

💡 思考

什么是应付账款？它是怎么产生的？

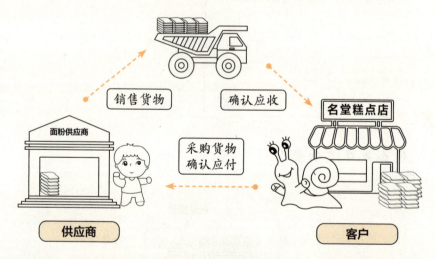

"应付账款"，负债类科目，核算企业因购买材料、商品和接受劳务供应等经营活动应支付的款项。

·贷方登记企业因购入材料、商品和接受劳务等尚未支付的款项。

·借方登记偿还的应付账款。

·期末余额一般在贷方，反映企业期末尚未支付的应付账款余额。

具体如图所示：

借方	应付账款	贷方
	期初余额	
偿还的应付账款	购买材料、商品等尚未支付的款项	
预付账款余额	尚未支付的应付账款余额	

图 4-22　应付账款账户图

（四）"应付票据"科目

"应付票据"，负债类科目，核算企业开出、承兑的商业汇票，类似生活中的"欠条"。

·贷方登记企业开出、承兑的商业汇票。

·借方登记企业已经支付或者到期无力支付的商业汇票。

·期末余额在贷方，反映企业尚未到期的商业汇票的票面金额。

借方	应付票据	贷方
	期初余额	
已经支付或到期无力支付的商业汇票	企业开出、承兑的商业汇票	
	尚未到期商业汇票的票面金额	

图 4-23　应付票据账户图

（五）"预付账款"科目

"预付账款"，资产类科目，提前付给对方的钱。

📝｜小贴士

预付款项情况不多的，也可以不设置该科目，将预付的款项直接记入"应付账款"科目的借方。

·借方登记企业因购货等业务预付的款项。

·贷方登记企业收到货物后应支付的款项等。

·期末余额在借方，反映企业预付的款项；期末余额在贷方，反映企业尚需补付的款项。

借方	预付账款	贷方
期初余额		
因购货等业务预付的款项	收到货物后应支付的款项	
补付少付的款项	退回多付的款项	
期末企业预付的款项	期末企业尚需补付的款项	

图 4-24　预付账款账户图

（六）"应交税费"科目

"应交税费"，负债类科目，用以核算企业按照税法等规定计算应交纳的各种税费。包括增值税、消费税、企业所得税、资源税、土地增值税、城市维护建设税、房产税、土地使用税、车船税、教育费附加、矿产资源补偿费、企业代扣代缴的个人所得税等。

· 贷方登记各种应交未交税费的增加额。

· 借方登记实际缴纳的各种税费。

· 期末余额在贷方，反映企业尚未交纳的税费；期末余额在借方，反映企业多交或尚未抵扣的税费。

借方	应交税费	贷方
	期初余额	
实际缴纳的各种税费	各种应交未交税费的增加额	
期末多交或尚未抵扣的税费	期末尚未交纳的税费	

图 4-25　应交税费账户图

三、账务处理

企业外购材料时，按材料是否验收入库分为以下几种情况：

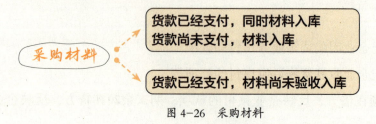

图 4-26　采购材料

1. 款已支付，同时材料入库（钱货两清）

案例导入【例4-21】

名堂奶茶店购入珍珠果材料一批，增值税专用发票上记载的货款为200 000元，增值税税额26 000元，另，对方代垫包装费1 000元。全部款项已用转账支票付讫，材料已验收入库。

借：原材料——珍珠果材料	201 000
应交税费——应交增值税（进项税额）	26 000
贷：银行存款	227 000

2. 货款尚未支付，材料入库

（1）如果货款尚未支付，发票账单已到，材料已验收入库。

案例导入【例4-22】

小堂的企业购入奶茶的原料淀粉一批，拿到了增值税专用发票，货款为30 000元，增值税税额3 900元，款项尚未支付，材料已验收入库。

借：原材料——淀粉	30 000
应交税费——应交增值税（进项税额）	3 900
贷：应付账款	33 900

（2）如果货款尚未支付，发票账单未到，材料已验收入库，则按其暂估价值入账。

案例导入【例4-23】

小堂的企业购入奶茶的原料淀粉一批，材料已验收入库。月末发票账单尚未收到，也无法确定其实际成本，暂估价值为20 000元。

借：原材料——淀粉	20 000
贷：应付账款——暂估	20 000

下月初做相反的会计分录予以冲回：

借：应付账款——暂估	20 000
贷：原材料——淀粉	20 000

3. 货款已经支付，材料尚未入库

 案例导入【例4-24】

　　小堂的企业购入一批淀粉材料，发票及账单已收到，增值税专用发票上记载的货款为 20 000 元，增值税税额 2 600 元。支付运杂费 500 元，材料尚未到达。

借：在途物资——淀粉　　　　　　　　　　　　　　20 500

　　应交税费——应交增值税（进项税额）　　　　　2 600

　　贷：银行存款　　　　　　　　　　　　　　　　　　　23 100

材料到达，验收入库：

借：原材料——淀粉　　　　　　　　　　　　　　　20 500

　　贷：在途物资　　　　　　　　　　　　　　　　　　　20 500

零基础学会计就上会计学堂 APP，理论＋实操课，由简入繁系统学习，实用性强上岗更轻松，会计学堂是财务人员学习互助的交流平台。

第4节　企业生产时怎么记账

一、科目设置

企业通常设置以下科目对生产费用业务进行会计核算：

（一）"生产成本"科目

"生产成本"，成本类科目，用以核算企业进行工业性生产发生的各项生产费用，包括生产各种产品（产成品、自制半成品等）、自制材料、自制工具、自制设备等。按照成本核算对象（如产品的品种、类别、订单、批别、生产阶段等）设置二、三级明细子目。

· 借方登记应计入产品生产成本的各项费用，包括直接计入产品生产成本的直接材料费、直接人工费和其他直接支出，以及期末按照一定的方法分配计入产品生产成本的制造费用。

· 贷方登记完工入库产成品应结转的生产成本。

· 期末余额在借方，反映企业期末尚未加工完成的在产品成本。

借方	生产成本	贷方
期初余额 应计入产品生产成本的各项费用		已经完成生产并验收入库的产成品的生产成本
尚未加工完成的在产品成本		

图 4-27　生产成本账户图

（二）"制造费用"科目

"制造费用"，成本类科目，用以核算企业生产车间、部门为生产产品和提供劳务而发生的各项间接费用。如固定资产折旧、职工薪酬、物料消耗、水电支出、停工损失等。可按不同的生产车间、部门和费用项目进行明细核算。

· 借方登记实际发生的各项制造费用。

· 贷方登记期末按照一定标准分配转入"生产成本"科目借方的应计入产品成本的制造费用。

· 期末结转后，该科目一般无余额。

图 4-28　制造费用账户图

（三）"库存商品"科目

"库存商品"，资产类科目，用以核算商品的成本。包括库存产成品、外购商品、存放在门市部准备出售的商品、发出展览的商品，以及寄存在外的商品等。本科目可按库存商品的种类、品种和规格等进行明细核算。

·借方登记验收入库的库存商品成本。

·贷方登记发出的库存商品成本。

·期末余额在借方，反映企业期末库存商品的实际成本（或进价）或计划成本（或售价）。

借方	库存商品	贷方
期初余额 验收入库的库存商品成本	发出的库存商品成本	
期末库存产成品的成本		

图 4-29　库存商品账户图

（四）"应付职工薪酬"科目

"应付职工薪酬"，负债类科目，用以核算企业根据有关规定应付给职工的各种薪酬。企业按规定从净利润中提取的职工奖励及福利基金，也在本科目核算。本科目可按"短期薪酬""离职后福利""辞退福利""其他长期职工薪酬"等进行明细核算。

·借方登记本月实际支付的职工薪酬数额。

·贷方登记本月计算的应付职工薪酬总额。

·期末贷方余额反映企业应付未付的职工薪酬。

借方	应付职工薪酬	贷方
	期初余额	
实际支付的各种职工薪酬	应支付给职工的各种职工薪酬	
	期末应付未付的职工薪酬	

图 4-30　应付职工薪酬账户图

二、账务处理

（一）材料费用的归集与分配

在确定材料费用时，应根据领料凭证区分车间、部门和不同用途后，按照确定的结果将发生材料的成本借记"生产成本""制造费用""管理费用"等科目，贷记"原材料"科目。

> **案例导入【例4-25】**
>
> 小堂的仓库20×4年1月份发出珍珠果等材料总额 500 000 元，其中流水线生产 A、B 两种奶茶各领用 150 000 元，一般耗用 100 000 元，管理部门领用 60 000 元，销售部门领用 40 000 元。
>
> | 借：生产成本——A 类奶茶 | 150 000 |
> |---|---|
> | 　　　　　　——B 类奶茶 | 150 000 |
> | 　制造费用 | 100 000 |
> | 　管理费用 | 60 000 |
> | 　销售费用 | 40 000 |
> | 　贷：原材料——珍珠果 | 500 000 |

（二）职工薪酬的归集与分配

职工薪酬包括短期薪酬、离职后福利、辞退福利和其他长期职工福利。企业提供给职工配偶、子女、受赡养人、已故员工遗属及其他受益人等的福利，也属于职工薪酬。

企业应当根据职工提供服务的受益对象，分情况处理。

1. 应由生产产品、提供劳务负担的职工薪酬，计入产品成本或劳务成本。其中，生产工人的短期职工薪酬属于生产成本，应计入"生产成本"科目；生产车间管理人员的职工薪酬属于间接费用，应计入"制造费用"科目。

2. 应由在建工程、无形资产负担的职工薪酬，计入建造固定资产或无形资产成本。

3. 除上述两种情况之外的职工薪酬应计入当期损益。如行政管理部门和销售机构的职工薪酬均属于期间费用，分别借记"管理费用""销售费用"等科目，贷记"应付职工薪酬"科目。

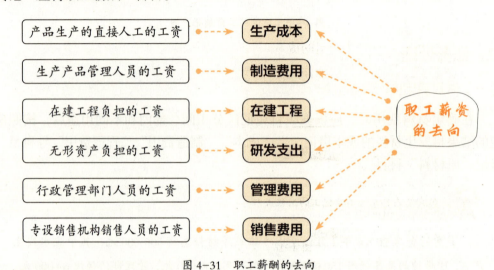

图 4-31　职工薪酬的去向

案例导入【例 4-26】

　　名堂奶茶店期末计算确认当期应付给生产人员的薪酬为 100 000 元，其中 A 类奶茶直接生产人员薪酬 20 000 元，B 类奶茶直接生产人员薪酬 16 000 元，车间间接生产人员薪酬 14 000 元。厂部管理人员薪酬 20 000 元，销售人员薪酬 30 000 元。分录如下：

借：生产成本——A 类奶茶	20 000	
——B 类奶茶	16 000	
制造费用	14 000	
管理费用	20 000	
销售费用	30 000	
贷：应付职工薪酬——工资		100 000

支付时，分录如下：

借：应付职工薪酬	100 000	
贷：银行存款		100 000

（三）制造费用的归集与分配

企业发生制造费用时,借记"制造费用"科目,贷记"累计折旧""银行存款""应付职工薪酬"等科目;结转或分摊时,借记"生产成本"等科目,贷记"制造费用"科目。

 案例导入【例4-27】

名堂奶茶店为生产A、B两种产品于20×4年10月份购入一台大型制冰机器,原价240万元,预计使用年限是10年,采用年限平均法计提折旧。假设净残值为0,则20×4年11月份计提折旧的分录如下(单位:元):

借:制造费用　　　　　　　　(2 400 000÷10÷12)20 000

　　贷:累计折旧　　　　　　　　　　　　　　20 000

企业发生的制造费用,应当按照合理的分配标准按月分配计入各成本核算对象的生产成本。企业可以采取的分配标准包括机器工时、人工工时、计划分配率等。

 案例导入【例4-28】

名堂奶茶店本月生产甲类奶茶耗用机器工时100小时,生产乙类奶茶耗用机器工时150小时。本月发生制造费用50万元。奶茶店按机器工时比例分配制造费用。

制造费用分配率＝制造费用总额÷机器运转总时数

　　　　　　　　＝50÷(100＋150)＝0.2(万元/小时)

甲类奶茶应负担的制造费用＝0.2×100＝20(万元)

乙类奶茶应负担的制造费用＝0.2×150＝30(万元)

会计分录(单位:元):

借:生产成本——甲类奶茶　　　　　　　200 000

　　　　　　——乙类奶茶　　　　　　　300 000

　　贷:制造费用　　　　　　　　　　　500 000

（四）完工产品生产成本的计算与结转

思考

什么是结转？

结转就是从一个科目结转到另一个科目，"结转"是按照权责发生制和实质重于形式的原则进行处理的。

案例导入【例4-29】

小堂有个糕点坊，生产三明治和草莓蛋糕，期末小堂将糕点坊发生的费用结转到成本。

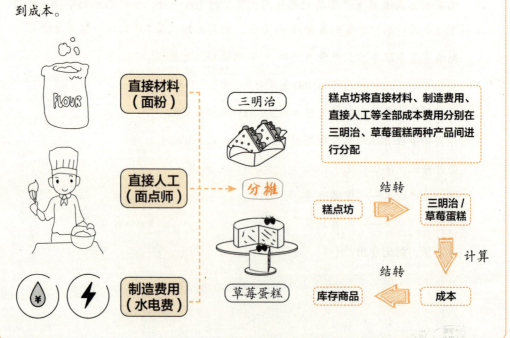

情形1：如果月末某种产品全部完工，该种产品生产成本明细账所归集的费用总额就是该种完工产品的总成本，用完工产品总成本除以该种产品的完工总产量，

即可计算出该种产品的单位成本。如果月末某种产品全部未完工，该种产品生产成本明细账所归集的费用总额就是该种产品在产品的总成本。

情形2：如果月末某种产品一部分完工，一部分未完工，这时归集产品成本明细账中的费用总额还要采取适当的分配方法在完工产品和在产品之间进行分配，然后才能计算出完工产品的总成本和单位成本。完工产品成本的基本计算公式为：

完工产品生产成本＝期初在产品成本＋本期发生的生产费用－期末在产品成本

当产品生产完成并验收入库时，借记"库存商品"科目，贷记"生产成本"科目。

 **案例导入【例4-30】**

小堂的奶茶店月末恰无半成品等在产品，生产的甲、乙两种速溶奶茶全部完工。其中甲种奶茶产品总成本为120 000元，乙种奶茶产品总成本为150 000元。甲、乙产品全部已验收入库，结转成本。

分录如下：

借：库存商品——甲产品	120 000	
——乙产品	150 000	
贷：生产成本——甲产品		120 000
——乙产品		150 000

零基础学会计就上会计学堂APP，理论＋实操课，由简入繁系统学习，实用性强上岗更轻松，会计学堂是财务人员学习互助的交流平台。

● 第5节 企业销售时怎么记账

企业生产出的产品，主要用于销售。销售过程是产品价值的实现过程，也是企业生产经营过程的最后阶段。

一、商品销售收入的确认与计量

企业和客户在满足下列"五步法"条件时，确认收入。

案例导入【例4-31】

收入五步法——举例

小堂支了个奶茶店，售卖珍珠奶茶10元一杯，果茶12元一杯，会员价打9折。

小明买了2杯珍珠奶茶和3杯果茶，享受会员价，合计50.4元。

第一步：识别与客户订立的合同

| 权利：收钱 |
| 义务：给奶茶 |

| 权利：拿到奶茶 |
| 义务：给钱 |

📝 | **小贴士**

和客户订立合同，可以是口头的、书面的，也可以是基于商业惯例的。

（续上页）

第二步：识别合同中的单项履约义务

1. 明确交易的内容有什么？
2. 商品能不能单独区分？
3. 商品是否有单独售价？

小堂卖的珍珠奶茶和果茶是可以明确区分的商品，并且有单独售价，构成 2 个单项履约义务。

第三步：确定交易价格

小堂一共收到了多少钱？

账单 **50.4** 元。

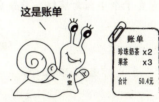

第四步：分摊交易价格

2 杯奶茶分摊价格＝50.4×20/（20＋36）＝18 元
3 杯果茶分摊价格＝50.4×36/（20＋36）＝32.4 元

第五步：确认收入

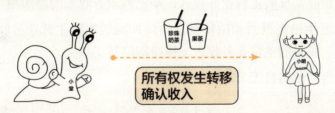

第四章

二、科目设置

（一）"主营业务收入"科目

 思考

什么是主营业务收入？

案例导入【例4-32】

小堂支了个小摊卖煎饼，煎饼成本5元，售价10元。

老板，来**50个**。

小堂煎饼

卖煎饼——主业的收入计"主营业务收入"。

📝 | 小贴士

卖煎饼的成本——主业的成本结转"主营业务成本"。

"主营业务收入"，损益类科目，核算企业确认的销售商品、提供劳务等主营业务形成的收入。

·贷方登记企业实现的主营业务收入，即主营业务收入的增加额。

·借方登记发生销售退回和销售折让时应冲减的本期主营业务收入以及期末转入"本年利润"科目的主营业务收入（按净额结转）。

·期末结转后，该科目无余额。

借方	主营业务收入	贷方
本期发生销售退回或销售折让时应冲减的销售收入 期末结转到"本年利润"科目的金额	企业销售产品实现的销售收入	

图 4-32　主营业务收入账户图

（二）"其他业务收入"科目

💡 思考

什么是其他业务收入？

📑 案例导入【例4-33】

小堂卖掉做煎饼剩的 1 袋面粉，成本 80 元，售价 100 元。

卖原材料——副业的收入计"其他业务收入"。

📖✏️ 小贴士

卖原材料的成本——副业的成本结转"其他业务成本"。

"其他业务收入"，损益类科目，用以核算企业确认的除主营业务活动以外的其他经营活动实现的收入，包括出租固定资产、出租无形资产、出租包装物和商品、销售材料等。

· 贷方登记企业实现的其他业务收入，即其他业务收入的增加额。

· 借方登记期末转入"本年利润"科目的其他业务收入。

· 期末结转后，该科目无余额。

借方	其他业务收入	贷方
期末结转到"本年利润"科目的金额	销售非主营业务实现的销售收入	

图 4-33　其他业务收入账户图

（三）"应收账款"科目

"应收账款"，资产类科目，用以核算企业因销售商品、提供劳务等应收取的款项。

· 借方登记由于销售商品以及提供劳务等发生的应收账款，包括应收取价款、税款和代垫款等。

·贷方登记已经收回的应收账款。

·期末余额通常在借方，反映企业尚未收回的应收账款；期末余额如果在贷方，则反映企业预收的账款。

借方	应收账款	贷方
期初余额		
企业销售商品及提供劳务应收的金额	已经收回的应收账款	
期末尚未收回的应收账款	企业预收的账款	

图4-34　应收账款账户图

（四）"应收票据"科目

"应收票据"，资产类科目，用以核算企业因销售商品、提供劳务等而收到的商业汇票。

·借方登记企业收到的应收票据。

·贷方登记票据到期收回的应收票据。

·期末余额在借方，反映企业持有的商业汇票的票面金额。

借方	应收票据	贷方
期初余额		
企业收到的应收票据	票据到期收回的应收票据	
企业持有的商业汇票的票面金额		

图4-35　应收票据账户图

（五）"预收账款"科目

"预收账款"，负债类科目，用以核算企业按照合同规定预收的款项。

📝|小贴士

预收账款情况不多的，也可以不设置本科目，将预收的款项直接计入"应收账款"科目。

·贷方登记企业向购货单位预收的款项等。

·借方登记销售实现时按实现的收入转销的预收款项等。

·期末余额在贷方，反映企业预收的款项；期末余额在借方，反映企业已转销但尚未收取的款项。

借方	预收账款	贷方
	期初余额	
实现收入转销的预收款项等	企业向购货单位预收的款项	
企业已转销但尚未收取的款项	企业预收的款项	

图 4-36　预收账款账户图

（六）"主营业务成本"科目

"主营业务成本"，损益类科目，用以核算企业确认销售商品、提供劳务等主营业务收入时应结转的成本。

·借方登记主营业务发生的实际成本。

·贷方登记期末转入"本年利润"科目的主营业务成本。

·期末结转后，该科目无余额。

借方	主营业务成本	贷方
销售商品发生的实际成本	期末结转到"本年利润"科目的金额	

图 4-37　主营业务成本账户图

（七）"其他业务成本"科目

"其他业务成本"，损益类科目，用以核算企业确认的除主营业务活动以外的其他经营活动所发生的支出。包括销售材料的成本、出租固定资产的折旧额、出租无形资产的摊销额、出租包装物的成本或摊销额等。

·借方登记其他业务的支出额。

·贷方登记期末转入"本年利润"科目的其他业务支出额。

·期末结转后，该科目无余额。

借方	其他业务成本	贷方
非主营业务发生的实际成本	期末转入"本年利润"科目的金额	

图 4-38　其他业务成本账户图

（八）"税金及附加"科目

"税金及附加"，损益类科目，用以核算企业经营活动发生的消费税、城市维护建设税、教育费附加、地方教育费附加、资源税、房产税、车船税、土地使用税、印花税等。

- 借方登记企业应按规定计算确定的与经营活动相关的税费。
- 贷方登记期末转入"本年利润"科目的与经营活动相关的税费。
- 结转后，该科目期末无余额。

借方	税金及附加	贷方
按规定计算确定的与经营活动相关的税费	期末结转到"本年利润"的金额	

图4-39 税金及附加账户图

三、账务处理

（一）主营业务收入的账务处理

案例导入【例4-34】

名堂奶茶店于6月1日销售商品，开出的增值税专用发票上注明售价为100 000元，增值税税额为13 000元；商品已经发出，款项已收到并存入银行。会计分录如下：

借：银行存款	113 000
贷：主营业务收入	100 000
应交税费——应交增值税（销项税额）	13 000

名堂奶茶店于6月1日销售商品，开出的增值税专用发票上注明售价为100 000元，增值税税额为13 000元；商品已经发出，收到商业汇票一张。会计分录如下：

借：应收票据	113 000
贷：主营业务收入	100 000
应交税费——应交增值税（销项税额）	13 000

（二）主营业务成本的账务处理

 案例导入【例4-35】

续【例4-34】，在处理主营业务收入的同时，名堂奶茶店还应结转主营业务成本。该批商品的成本为 30 000 元，分录如下：

借：主营业务成本   30 000
　　贷：库存商品   30 000

（三）其他业务收入与成本的处理

主营业务和其他业务的划分并不是绝对的，一个企业的主营业务可能是另一个企业的其他业务。即使在同一个企业，不同期间的主营业务和其他业务的内容也不是固定不变的。

 案例导入【例4-36】

名堂奶茶店为一般纳税人，将一批原材料售出，价款为 100 000 元，增值税税额为 13 000 元，该批原材料的成本为 40 000 元，款项存入银行。其会计分录为：

借：银行存款   113 000
　　贷：其他业务收入   100 000
　　　　应交税费——应交增值税（销项税额）   13 000

结转成本：

借：其他业务成本   40 000
　　贷：原材料   40 000

零基础学会计就上会计学堂 APP，理论＋实操课，由简入繁系统学习，实用性强上岗更轻松，会计学堂是财务人员学习互助的交流平台。

📖 | **本章小结**

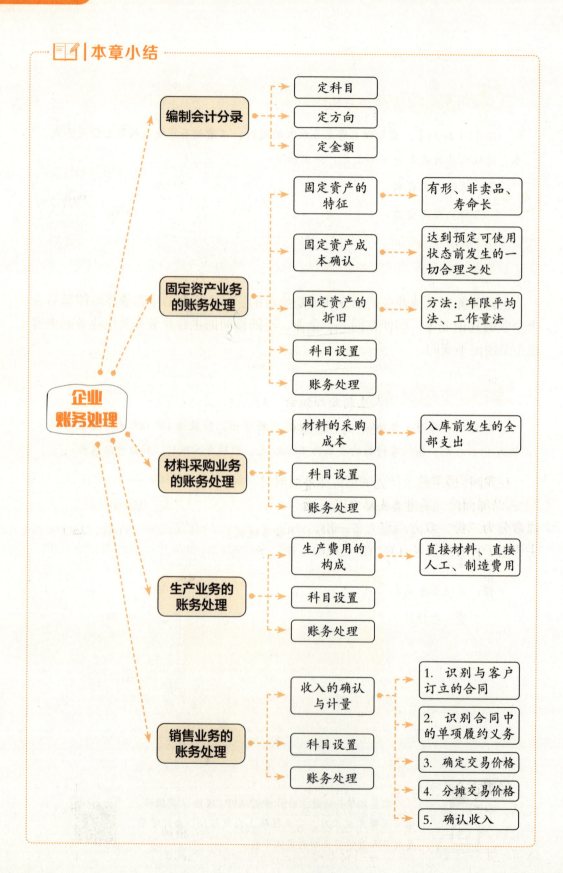

第五章　应对自如：登记会计凭证

第1节　原始凭证——会计记账的起源

一、会计凭证的起源

人生到处知何似，应似飞鸿踏雪泥。

泥上偶然留指爪，鸿飞那复计东西。

——摘自苏轼《和子由渑池怀旧》

在我国，最早的原始凭证很可能是西周时官厅会计用的契，《周易·系辞》里说："上古结绳而治，后世圣人易之以书契。"书用以记录，相当于账簿。契也就是券，通常分为三份，双方当事人各一份，一份留存，上面盖着官府的大印，这个东西主要用于官府发给老百姓当作交税的证据，和我们现在的发票是不是很像？

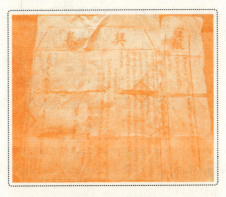

图5-1　契券

纵观古今中外，西方人强调契约，中国人推崇信用，在漫长的几千年历史长河里，中西方的这种文化与思维彼此独立，从未发生过碰撞和交融。在中世纪（13世纪初~15世纪末），欧洲人充分发挥了他们的"契约精神"，这种精神要求账簿每笔业务活动的记录都应当有据可依、有迹可寻(如"飞鸿踏雪"，定会留下行踪)，于是形成了"原始凭证—会计账簿—会计报表"这样的账务处理程序，复式记账法由此诞生。直到大航海时代，复式记账法才作为"舶来品"传入我国。

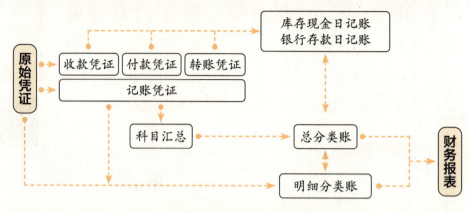

图5-2 账务处理程序

二、会计凭证的概念与种类

会计凭证是记录经济业务发生或者完成情况的书面证明，也是登记账簿的依据，包括纸质会计凭证和电子会计凭证两种形式。每个企业都必须按一定的程序填制和审核会计凭证，根据审核无误的会计凭证进行账簿登记，如实反映企业的经济业务。

会计凭证按照编制的程序和用途不同，分为**原始凭证**和**记账凭证**。

三、原始凭证的概念与种类

（一）原始凭证的概念

原始凭证，又称"单据"，是指在经济业务发生或完成时取得或填制的，用以记录或证明经济业务的发生或完成情况的原始凭证。原始凭证是会计核算的原始依据，是整个企业会计信息系统运行的起点。原始凭证的作用主要是记载经济业务的发生过程和具体内容。常用的原始凭证有现金收据、发货单、增值税专用（或普通）发票、银行进账单、差旅费报销单、产品入库单、领料单等。

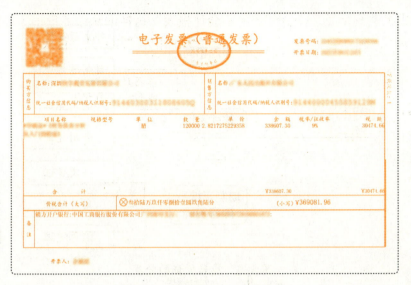

图 5-3　原始凭证——数电发票

差 旅 费 报 销 单

报销部门：销售部　填报日期：20X4 年 03 月 17 日　　单据及附件共 5 张

姓名	李英杰	职别	销售总监	出差事由				洽谈商务，开发市场		

出差起止日期：20X4 年 03 月 14 日起至 20X4 年 03 月 16 日止共 3 天附单据 6 张

日期		起讫地点	天数	机票费	车船费	市内交通费	住宿费	出差补助	餐费补助	其他	小计
月	日										
03	14	长沙-深圳	1		400.00						400.00
03	16	深圳-长沙	2		800.00	100.00	600.00		400.00		1900.00
		合　计			1,200.00	100.00	600.00		400.00		2300.00

银行付讫

总计金额（大写）⊗ 万贰 仟贰佰 零拾 零元 零角 零分　预支 ¥3,000.00 元　退/补 ¥700.00 元

会计 林丽洁　出纳 张寒雨　审核 林丽洁　部门主管 李英杰　出差人 李英杰

图 5-4　原始凭证——差旅费报销单

（二）原始凭证的分类

案例导入【例5-1】

　　名堂奶茶店开业后，各种各样的单据弄得小堂焦头烂额，小堂请来专业的会计为该奶茶店整理账务。请问：公司业务人员出差填写的差旅费报销单属于什么凭证？

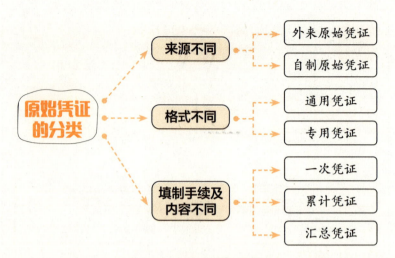

图 5-5　原始凭证的分类

1. 原始凭证按其来源不同，可以分为自制原始凭证和外来原始凭证。

自制原始凭证是指本单位内部具体经办业务的部门和人员，在执行或完成经济业务时所填制的仅供本单位内部使用的原始凭证。如"收料单""领料单""销货发票""产品入库单""工资结算表"等。

3-9-2												
名堂奶茶店 3 月份工资表												
部门	职务	姓名	入职时间	工资项目								签名
				基本工资	岗位工资	工龄工资	绩效考核/全勤奖	应发工资	社保	个税	实发工资	
总经理	总经理	旧海	20XX 年 1 月	4800.00	500.00	100.00	4000.00	9400.00	412.00	89.64	8898.36	
人事部	行政专员	林莉	20XX 年 1 月	4000.00	200.00	100.00	1000.00	5300.00	412.00	0.00	4888.00	
财务部	出纳	张雯雨	20XX 年 1 月	3800.00	100.00	100.00	800.00	4800.00	412.00	0.00	4388.00	
	会计	林丽洁	20XX 年 1 月	4000.00	200.00	100.00	1100.00	5400.00	412.00	0.00	4988.00	
业务部	业务经理	李英杰	20XX 年 1 月	4500.00	400.00	100.00	5000.00	10000.00	412.00	92.64	9495.36	
	业务员	洪伟	20XX 年 1 月	4000.00	200.00	100.00	2300.00	6600.00	412.00	0.00	6188.00	
	业务员	张倩	20XX 年 2 月	4000.00	200.00	100.00	1200.00	5500.00	412.00	0.00	5088.00	
	业务员	李林伟	20XX 年 2 月	4000.00	200.00	100.00	1200.00	5500.00	412.00	0.00	5088.00	
	业务员	肖哲航	20XX 年 2 月	4000.00	200.00	100.00	1200.00	5500.00	412.00	0.00	5088.00	
仓库部	仓管	李娟	20XX 年 1 月	3500.00	100.00	100.00	500.00	4200.00	412.00	0.00	3788.00	
合计				40600.00	2300.00	1000.00	18300.00	62200.00	4120.00	182.28	57897.72	
制表：林莉					复核：林丽洁							

图 5-6　自制原始凭证——工资表

外来原始凭证是在经济业务活动发生或完成时，从其他单位或个人直接取得的原始凭证。如图 5-7 所示。

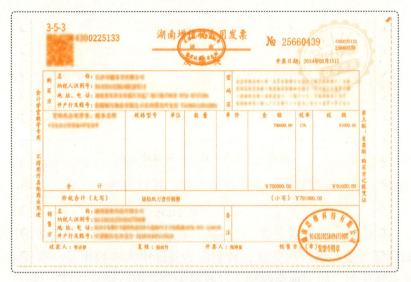

图 5-7 外来原始凭证——增值税专用发票

2. 原始凭证按其格式不同，可以分为通用凭证和专用凭证。

通用凭证是指由有关部门统一印制、在一定范围内使用的且有统一格式和使用方法的原始凭证。如某省（市）印制的在该省（市）通用的发票、收据等；由人民银行制作的在全国通用的银行转账结算凭证；由国家税务总局统一印制的全国通用的增值税专用发票等（如图 5-8）。

图 5-8 通用凭证——增值税专用发票

专用凭证是指由单位自行印制的原始凭证。如领料单、差旅费报销单、折旧计算表、工资费用分配表等。

长沙卓越家具有限公司20X4年3月固定资产折旧表												
资产名称	购入日期	数量	部门	折旧方法	原值	残值率	净残值	折旧期限	已计提（月）	累计折旧额	月折旧额	净值
DN-001台式电脑	2022年1月	5	管理部门	直线法	17500	5%	875.00	36	2	923.62	461.81	16576.38
DN-002笔记本电脑	2022年1月	2	销售部门	直线法	8000	5%	400.00	36	2	422.22	211.11	7577.78
DN-003笔记本电脑	2022年2月	3	销售部门	直线法	12000	5%	600.00	36	1	316.67	316.67	11683.33
合计		10			37500		1875			1662.51	989.59	35837.49

图 5-9　专用凭证——折旧计算表

3. 原始凭证按照填制手续和内容的不同，可以分为一次凭证、累计凭证和汇总凭证。

一次凭证是指一次填制完成，只记录一笔经济业务且仅一次有效的原始凭证。外来原始凭证一般均属一次凭证，自制原始凭证中大多数也是一次凭证。日常的原始凭证多属此类，如"现金收据""收料单""银行结算凭证"等。

图 5-10　一次凭证——现金收据

累计凭证，是指在一定时期内多次记录发生的同类型经济业务且多次有效的原始凭证。累计凭证的特点是在一张凭证内可以连续登记相同性质的经济业务，随时计算出累计数及结余数，并按照费用限额进行费用控制，期末按实际发生额记账，如"限额领料单"等。

限额领料单

材料科目：　　　　材料类别：
领料车间（部门）：　　　　编号：
年　月
用途：　　　　仓库：

材料编号	材料名称	规格	计量单位	领用限额	实际领用			备注
					数量	单位成本	金额	

日期	请领		实发			退回			限额结余
	数量	领料单位	数量	发料人签章	领料人签章	数量	领料人签章	退料人签章	

第二联 财务核算

图 5-11　累计凭证——限额领料单

汇总凭证，也叫“原始凭证汇总表”，是指对一定时期内反映经济业务内容相同的若干张原始凭证，按照一定标准综合填制的原始凭证。如“发出材料汇总表”“差旅费报销单”等。汇总凭证既可以提供经营管理所需要的总量指标，又可以大大简化核算手续。

领料汇总表

领料部门：　氨纶车间　　对账日期：　20X4年12月31日　　No：004

领料用途：　生产产品

领用期间	材料名称	规格	单位	领用总数量	单价	金额	附注
20X4年12月	切片		kg	51500.00	42.27	2176905.00	
20X4年12月	预聚物		kg	9600.00	34.25	328800.00	
20X4年12月	油剂		kg	3900.00	44.72	174408.00	
合计						2680113.00	

会计学堂教学专用不得用作其他商业用途

图 5-12　汇总凭证——领料汇总表

四、原始凭证的基本内容

原始凭证的格式和内容因经济业务和经营管理的不同而有所差异，但原始凭证应当具备以下基本内容：

（1）原始凭证的名称；

（2）填制原始凭证的日期；

（3）接受凭证的单位名称；

（4）经济业务内容；

（5）填制原始凭证的单位名称和填制人姓名；

（6）经办人员的签名或盖章；

（7）数量、单价和金额。

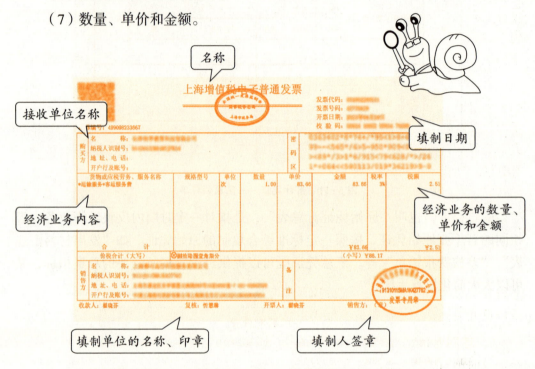

图 5-13　原始凭证的基本内容

五、原始凭证的填制要求

（一）原始凭证填制的基本要求

原始凭证的填制必须符合以下要求：

1. 记录要真实。原始凭证上填制的日期、经济业务内容和数字必须是经济业务发生或完成的实际情况，不得涂改、挖补。

2. 内容要完整。原始凭证中应该填写的项目要逐项填写，不可缺漏；名称要写全，不要简化；品名和用途要填写明确，不能含糊不清；有关部门和人员的签名和盖章必须齐全。

3. 手续要完备。单位自制的原始凭证必须有经办业务的部门和人员签名盖章；对外开出的凭证必须加盖本单位的公章或财务专用章；从外部取得的原始凭证必须有填制单位的公章或财务专用章；从个人取得的原始凭证，必须有填制人员的签名盖章。

4. 书写清楚、规范。原始凭证中的文字、数字的书写都要清晰、工整、规范，做到字迹端正、易于辨认，不造字。不得使用未经国务院公布的简化汉字。大小写金额要一致。数字要逐个地书写，不得连笔写。特别是在要连写几个"0"时，也一定要单个地写，不能将几个"0"连在一起一笔写完。在金额前要填写人民币符号"￥"，且与阿拉伯数字之间不得留有空白。金额数字一律填写到角、分；无角、分的，角位和分位写"00"或者符号"-"；有角无分的，分位应当写"0"，不得用符号"-"代替。汉字填写金额如零、壹、贰、叁、肆、伍、陆、柒、捌、玖、拾、佰、仟、万、亿等，应一律用正楷或行书填写，不得用○、一、二、三、四、五、六、七、八、九、十等简化字代替。不得任意自造简化字。如果大写金额数字前未印有"人民币"字样的，应加写"人民币"三个字且大写金额之间不得留有空白。大写金额数字到元或角为止的，在"元"或"角"之后应当写"整"或"正"字。有分的，不需写"整"或"正"字。

5. 编号要连续。 各种凭证要按顺序连续编号，以便检查。如果凭证已预先印定编号，如发票、支票等重要凭证，在因错作废时，应加盖"作废"戳记，连同存根联一起保管，不得撕毁。

6. 不得涂改、刮擦、挖补。 原始凭证金额有错误的，应当由出具单位重开，不得在原始凭证上更正。原始凭证有其他错误时（除金额以外的），应当由出具单位重开或更正，更正处应当加盖出具单位的印章。

7. 填制要及时。 所有业务的有关部门和人员，在经济业务实际发生或完成时，必须及时填写原始凭证，并按规定的程序及时送交会计机构、会计人员进行审核。做到不拖延、不积压，不事后补填。

（二）自制原始凭证的填制要求

不同的自制原始凭证，填制的要求也有所不同。

1. 一次凭证的填制

一次凭证应在经济业务发生或完成时，由相关业务人员一次填制完成。

2. 累计凭证的填制

累计凭证应在每次经济业务完成后，由相关人员在同一张凭证上重复填制完成。该凭证能在一段时期内不断重复地反映同类经济业务的完成情况。

3. 汇总凭证的填制

汇总凭证应由相关人员在汇总一定时期内反映同类经济业务的原始凭证后填制完成。该凭证只能将类型相同的经济业务进行汇总，不能汇总两类或两类以上的经济业务。

（三）外来原始凭证的填制要求

外来原始凭证应在企业同外单位发生经济业务时，由外单位的相关人员填制完成。外来原始凭证一般由税务局等部门统一印制，或经税务部门批准由经营单位印制，在填制时加盖出具凭证单位的公章方为有效。对于一式多联的原始凭证必须用复写纸套写或打印机套打。

六、原始凭证的审核

为了正确反映和监督各项经济业务，财务部门对取得的原始凭证，必须进行严格审核和核对，保证核算资料的真实性、合法性、完整性。只有经过审查无误的凭证，方可作为编制记账凭证和登记账簿的依据。审核的内容主要包括以下六个方面。

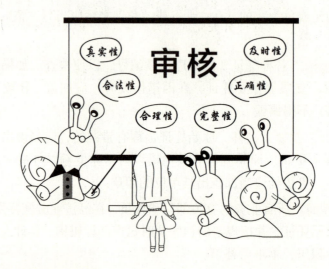

（一）审核原始凭证的真实性

真实性作为会计信息审核的基本要求之一，要求原始凭证记录的经济活动以及相关记录信息是真实的且票据也是真实的，以防作假。

（二）审核原始凭证的合法性

合法性审查是以有关政策、法规、制度等为依据，审查凭证所记录的经济业务是否符合有关规定，有无贪污盗窃、虚报冒领、伪造凭证等违法乱纪现象。

（三）审核原始凭证的合理性

合理性主要审核原始凭证所记录经济业务是否符合企业经济活动的需要，是否符合有关的计划和预算等。

（四）审核原始凭证的完整性

完整性主要审核各项基本要素是否齐全，是否有漏项的情况，日期是否完整，有关人员签单是否齐全，凭证联次是否正确等。

（五）审核原始凭证的正确性

正确性是指审核原始凭证记载的各项内容是否正确，如金额、单位名称以及更正是否准确无误。

（六）审核原始凭证的及时性

及时性是指原始凭证应在经济业务发生或完成时及时填制并及时传递。

会计人员对原始凭证的审核，最终结果一般有三种：

1. 对于完全符合要求的原始凭证，应及时据以填制记账凭证入账。

2. 对于真实、合法、合理，但内容不够完整、填写有错误的原始凭证，应给予有关经办人员，由其负责将有关凭证补充完整、更正错误或重开后，再办理正式会计手续。

3. 对于不真实、不合法的原始凭证，会计人员有权不予接受，并向单位负责人报告。

零基础学会计就上会计学堂 APP，理论＋实操课，由简入繁系统学习，实用性强上岗更轻松，会计学堂是财务人员学习互助的交流平台。

第 2 节　记账凭证——企业重中之重

　　记账凭证是登记账簿的直接依据，也称为"分录凭证"。由于原始凭证只表明经济业务的具体内容，不能直接反映其对会计要素的影响，不能显示应记的会计科目和记账方向，不能凭以直接入账。因此，编制记账凭证，将原始凭证使用的普通商业语言转化为会计语言是一种质的飞跃。

一、记账凭证的种类

　　由于会计凭证记录和反映的经济业务多种多样，因此，记账凭证也是多种多样的。记账凭证按不同的分类标准，可以分为不同的种类。

（一）按凭证的用途分类

1. 专用记账凭证

　　专用记账凭证按其反映的经济内容不同，可分为收款凭证、付款凭证、转账凭证三种。

　　（1）收款凭证，是指专门用于记录现金和银行存款收款业务的记账凭证。收款凭证是出纳人员收取款项的依据，也是登记总账、现金日记账和银行存款日记账以及有关明细账的依据，一般按现金和银行存款分别编制。收款凭证格式如图5-14所示。

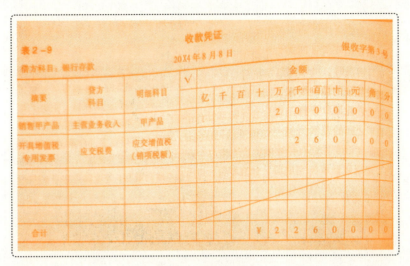

图 5-14　收款凭证

（2）付款凭证，是指专门用于记录现金和银行存款付款业务的会计凭证。付款凭证是出纳人员支付款项的依据，也是登记总账、现金日记账和银行存款日记账以及有关明细账的依据，一般按现金和银行存款分别编制。付款凭证格式如图5-15 所示。

图 5-15　付款凭证

（3）转账凭证，是指专门用于记录不涉及现金和银行存款收付款业务的会计凭证。它是登记总账和有关明细账的依据。转账凭证格式如图5-16 所示。

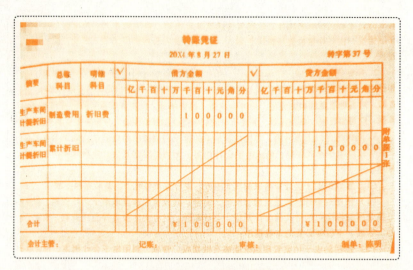

图 5-16　转账凭证

　　收款凭证、付款凭证和转账凭证分别用以记录现金、银行存款收款业务、付款业务和转账业务（与现金、银行存款收支无关的业务）。为了便于识别，各种凭证印制成不同的颜色。在会计实务中，对于现金和银行存款之间的收付款业务，为了避免记账重复，一般只编制付款凭证，不编制收款凭证。

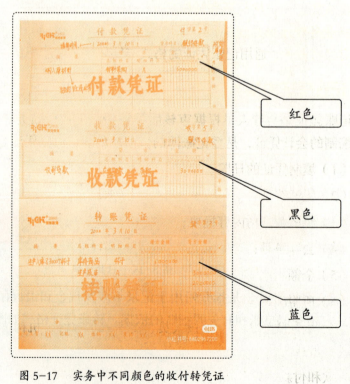

图 5-17　实务中不同颜色的收付转凭证

2. 通用记账凭证

通用记账凭证是指用来反映所有经济业务的记账凭证，为各类经济业务所共同使用，其格式与转账凭证基本相同。通用记账凭证具体格式如图 5-18 所示。

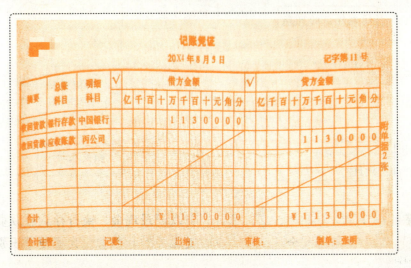

图 5-18　通用记账凭证

收款凭证、付款凭证和转账凭证适用于规模较大、收付业务较多的单位。对于经济业务较简单、规模较小、收付业务较少的单位，可采用通用记账凭证来记录所有经济业务。通用记账凭证的格式与转账凭证基本相同。

二、记账凭证的基本内容

记账凭证是会计人员根据审核后的原始凭证进行归类、整理，并确定会计分录而编制的会计凭证，是登记账簿的依据。所以，记账凭证必须具备以下内容：

（1）填制凭证的日期；

（2）凭证编号；

（3）经济业务的内容摘要；

（4）会计科目；

（5）金额；

（6）所附原始凭证的张数；

（7）填制凭证人员、稽核人员、记账人员、会计机构负责人、会计主管人员签名或者盖章。

收款和付款记账凭证还应当由出纳人员签名或者盖章。以自制的原始凭证或者凭证汇总表代替记账凭证的，也必须具备记账凭证应有的项目。

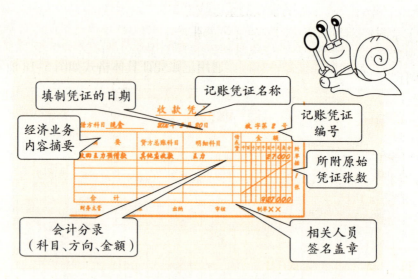

图 5-19　记账凭证内容

三、记账凭证的填制要求

案例导入【例5-2】

名堂奶茶店的会计把取得的各种各样的单据填制成记账凭证。

（一）收款凭证的填制

收款凭证是根据审核无误的现金和银行存款收款业务的原始凭证编制的，应当具备以下内容：

（1）收款凭证左上角的"借方科目"，按收款的性质填写"库存现金"或者"银行存款"；

（2）日期填写的是编制本凭证的日期；

（3）右上角填写编制收款凭证顺序号；

（4）"摘要栏"简明扼要地填写经济业务的内容梗概；

（5）"贷方科目"栏内填写与收入"库存现金"或"银行存款"科目相对应的总账科目及所属明细科目；

（6）"金额"栏内填写实际收到的现金或银行存款的数额，各总账科目与所属明细科目的应贷金额，应分别填写在与总账科目或明细科目同一行的"总账科目"或"明细科目"金额栏内；

（7）"记账栏"供记账人员在根据收款凭证登记有关账簿后作记号用，表示已经记账，以防止经济业务的事项的重记或漏记；

（8）"附件张"根据所附原始凭证的张数填写；

（9）凭证最下方有关人员签章处供有关人员在履行责任后签名或签章，以明确经济责任。

案例导入【例5-3】

20×4年1月5日，名堂奶茶店收到小堂投资款80万元整，存入银行。这是名堂奶茶店本年1月第1笔银行存款业务。其收款凭证的具体填制方法如下图：

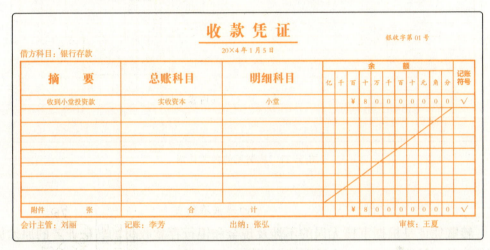

图5-20　填制完的收款凭证

（二）付款凭证的填制

付款凭证是根据审核无误的现金和银行付款业务的原始凭证编制的。付款凭证的左上角"贷方科目"，应填列"现金"或者"银行存款"；"借方科目"栏应填写与"现金"或"银行存款"科目相对应的总账科目及所属的明细科目。其余各部分的填制方法与收款凭证基本相同，不再述及。

对于涉及"库存现金"和"银行存款"之间的相互划转业务，为了避免重复记账，一般只填制付款凭证，不再填制收款凭证。出纳人员在办理收款或付款业务后，应在原始凭证上加盖"收讫"和"付讫"的戳记，以免重复记账。

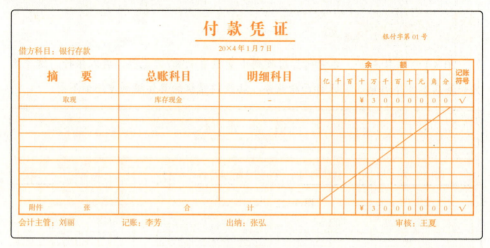

案例导入【例5-4】

20×4年1月7日，名堂奶茶店的出纳从开户行招商银行提取现金30 000元，这是名堂奶茶店本年1月第1笔银行付款业务，其付款凭证的具体填制方法如下图：

付 款 凭 证

银付字第01号

20×4年1月7日

借方科目：银行存款

摘 要	总账科目	明细科目	亿	千	百	十	万	千	百	十	元	角	分	记账符号
							余		额					
取现	库存现金	-				¥	3	0	0	0	0	0	0	√
附件 张	合 计					¥	3	0	0	0	0	0	0	√

会计主管：刘丽　　记账：李芳　　出纳：张弘　　审核：王夏

图5-21　填制完的付款凭证

（三）转账凭证的填制

转账凭证是根据审核无误的不涉及现金和银行存款收付的转账业务的原始凭证编制的。转账凭证的"会计科目"栏应按照先借后贷的顺序分别填写应借应贷的总账科目及所属的明细科目；借方总账科目及所属明细科目的应记金额，应在与科目同一行的"借方金额"栏内填写，贷方总账科目及所属明细科目的应记金额，应在与科目同一行的"贷方金额"栏内填写；"合计"行只合计借方总账科目金额和贷方总账科目金额，借方总账科目金额合计数与贷方总账金额合计数应相等。

案例导入【例5-5】

20×4年3月15日，名堂奶茶店从甲公司购入原材料水果8万元，茶叶2万元。货款尚未支付（取得增值税专用发票已勾选认证）。这是名堂奶茶店本年3月第5笔转账业务，其转账凭证的具体填制方法如下图：

案例导入【例5-6】

（续上页）

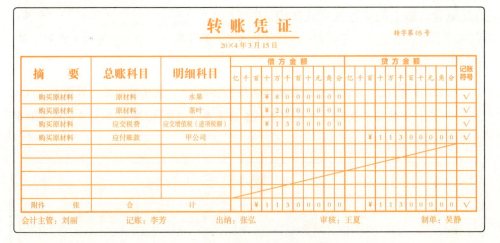

图 5-22　填制完的转账凭证

此外，某些既涉及收款业务或付款业务，又涉及转账业务的综合性业务，可分开填制不同类型的记账凭证。

（四）记账凭证的填制

填制记账凭证是一项重要的会计工作，为了便于登记账簿，保证账簿记录的正确性，填制记账凭证应符合以下要求：

（1）记账凭证各项内容必须完整。

（2）记账凭证的书写应当清楚、规范。

（3）除结账和更正错误的记账凭证可以不附原始凭证外，其他记账凭证必须附有原始凭证。

（4）记账凭证可以根据每一张原始凭证填制，或根据若干张同类原始凭证汇总编制，也可以根据原始凭证汇总表填制。但不得将不同内容和类别的原始凭证汇总填制在一张记账凭证上。

（5）记账凭证应连续编号。

✏️ | 注意

一笔经济业务需要填制两张或两张以上记账凭证的，可以采用"分数编号法"进行编号。例如：第4笔经济业务需要填制两张记账凭证，凭证顺序号编成"记字第 $4\frac{1}{2}$ 号" "记字第 $4\frac{2}{2}$ 号"，前面的数表示凭证顺序，后面分数的分母表示该号凭证共有两张，分子表示两张凭证中的第一张、第二张。

（6）记账凭证填制时若发生错误，应当重新填制。

（7）记账凭证填制完成后，如有空行，应当自金额栏最后一笔金额数字下的空行处至合计数上的空行处划线注销。

 案例导入【例5-7】

　　20×4年3月20日，名堂奶茶店销售给乙公司10万袋速溶奶茶，取得含税收入226 000元，货款尚未收到。这是名堂奶茶店本年3月第10笔业务。其记账凭证的具体填制方法如下图：

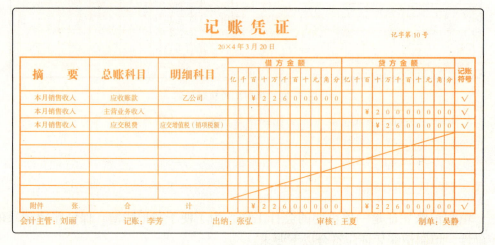

图5-23　填制完的记账凭证

四、记账凭证的审核

　　记账凭证编制以后，必须由专人进行审核，以监督经济业务的真实性、合法性和合理性，并检查记账凭证的编制是否符合要求。记账凭证审核的基本内容包括以下几项：

（一）内容是否真实

　　审核记账凭证是否有原始凭证为依据，所附原始凭证的内容是否与记账凭证的内容一致，记账凭证汇总表的内容与其所依据的记账凭证的内容是否一致等。

（二）项目是否齐全

　　审核记账凭证各项目的填写是否齐全。

（三）科目是否准确

　　审核记账凭证的应借、应贷科目是否准确，是否有明确的账户对应关系，所使用的会计科目是否符合国家统一的会计制度的规定等。

（四）金额是否正确

审核记账凭证所记录的金额与原始凭证的有关金额是否一致、计算是否正确，记账凭证汇总表的金额与记账凭证的金额合计是否相符等。

（五）书写是否规范

审核记账凭证中的记录是否文字工整、数字清晰，是否按规定进行了更正等。

（六）手续是否完备

审核出纳人员在办理收款或付款业务后，是否已在原始凭证上加盖"收讫"或"付讫"的戳记。

在审核过程中，如果发现不符合要求的地方，应要求有关人员采取正确的方法进行更正。只有经过审核无误的记账凭证，才能作为登记账簿的依据。

五、记账凭证与原始凭证的不同点

表　记账凭证与原始凭证的不同点

不同点	原始凭证	记账凭证
填制人	经办人员	会计人员
填制依据	根据发生或完成的经济业务填制	根据审核无误的原始凭证填制
作用	填制记账凭证、账簿的依据	登记账簿的依据
处理过程	仅用于记录、证明经济业务已经发生或完成	依据会计科目对已经发生或完成的经济业务进行归类、整理，是对原始凭证进行处理的第一步
法律效力	用来证明经济业务发生，具备法律效力	不能用来证明经济业务已经发生，不具有法律效力

零基础学会计就上会计学堂 APP，理论＋实操课，由简入繁系统学习，实用性强上岗更轻松，会计学堂是财务人员学习互助的交流平台。

第3节 会计凭证该由谁来保管？

会计凭证的保管，是指会计凭证记账后的整理、装订、归档和存查工作。会计凭证作为记账的依据，是重要的会计档案和经济资料。任何单位在完成经济业务手续和记账后，必须将会计凭证按规定的立卷归档制度形成会计档案，妥善保管，防止丢失，不得任意销毁，以便日后随时查阅。

会计凭证的保管要求主要有：

（一）会计凭证应定期装订成册，防止散失

会计机构在依据会计凭证记账以后，应定期（每天、每旬或每月）对各种会计凭证进行分类整理，将各种记账凭证按照编号顺序，连同所附的原始凭证一起加具封面和封底，装订成册，并在装订线上加贴封签，防止抽换凭证。从外单位取得的原始凭证遗失时，应取得原签发单位盖有公章的证明，并注明原始凭证的号码、金额、内容等，由经办单位会计机构负责人、会计主管人员和单位负责人批准后，才能代作原始凭证。若确实无法取得证明的，如车票丢失，则应由当事人写明详细情况，由经办单位会计机构负责人、会计主管人员和单位负责人批准后，代作原始凭证。

原始凭证较多时，可单独装订，但应在凭证封面注明所属记账凭证的日期、编号和种类，同时在所属的记账凭证上应当注明"附件另订"及原始凭证的名称和编号，以便查阅。对各种重要的原始凭证，如押金收据、提货单等，以及各种需要随时查阅和退回的单据，应另编目录，单独保管，并在有关的记账凭证和原始凭证上分别注明日期和编号。

（二）会计凭证封面应注明单位名称、凭证种类、凭证张数、起止号数、年度、月份、会计主管人员和装订人员等有关事项，会计主管人员和保管人员等应在封面上签章

（三）会计凭证一般不得外借

原始凭证不得外借，其他单位如有特殊原因确实需要使用时，经本单位会计机构负责人（会计主管人员）批准，可以复印。向外单位提供的原始凭证复印件，应在专设的登记簿上登记，并由提供人员和收取人员共同签名、盖章。

（四）每年装订成册的会计凭证，在年度终了时可暂由单位会计机构保管一年，期满后应当移交至本单位档案机构统一保管；未设立档案机构的，应当在会计机构内部指定专人保管。出纳人员不得兼管会计档案

（五）单位应当严格遵守会计档案的保管期限要求，保管期满前不得任意销毁

会计档案达到保管期限的，单位应当组织对到期会计档案进行鉴定。经鉴定，仍需继续保存的会计档案，应当重新划定保管期限；对保管期满，确无保存价值的会计档案，可以销毁；保管期满但涉及未结清的债权债务的会计档案和涉及其他未了事项的会计档案不得销毁，纸质会计档案应当单独抽出立卷，电子会计档案单独转存，并保管到未了事项完结时为止。

（六）电子会计凭证的保管

同时满足以下条件的，单位内部形成的属于归档范围的电子会计凭证等电子会计资料可仅以电子形式保存，形成电子会计档案，无须打印电子会计资料纸质件进行归档保存：

（1）形成的电子会计资料来源真实有效，由计算机等电子设备形成和传输；

（2）使用的会计核算系统能够准确、完整、有效接收和读取电子会计资料，能够输出符合国家标准归档格式的会计凭证、会计账簿、财务会计报表等会计资料，设定了经办、审核、审批等必要的审签程序；

（3）使用的电子档案管理系统能够有效接收、管理、利用电子会计档案，符合电子档案的长期保管要求，并建立了电子会计档案与相关联的其他纸质会计档案的检索关系；

（4）采取有效措施，防止电子会计档案被篡改；

（5）建立电子会计档案备份制度，能够有效防范自然灾害、意外事故和人为破坏的影响；

（6）形成的会计资料不属于具有永久保存价值或者其他重要保存价值的会计档案。

在同时满足上述条件的情况下，单位从外部接收的电子会计资料附有符合《电子签名法》规定的电子签名的，可仅以电子形式归档保存，形成电子会计档案，无须打印电子会计资料纸质件进行归档保存。

单位仅以电子形式保存会计档案的，原则上应从一个完整会计年度的年初开始执行，以保证其年度会计档案保存形式的一致性。

零基础学会计就上会计学堂APP，理论＋实操课，由简入繁系统学习，实用性强上岗更轻松，会计学堂是财务人员学习互助的交流平台。

📝 本章小结

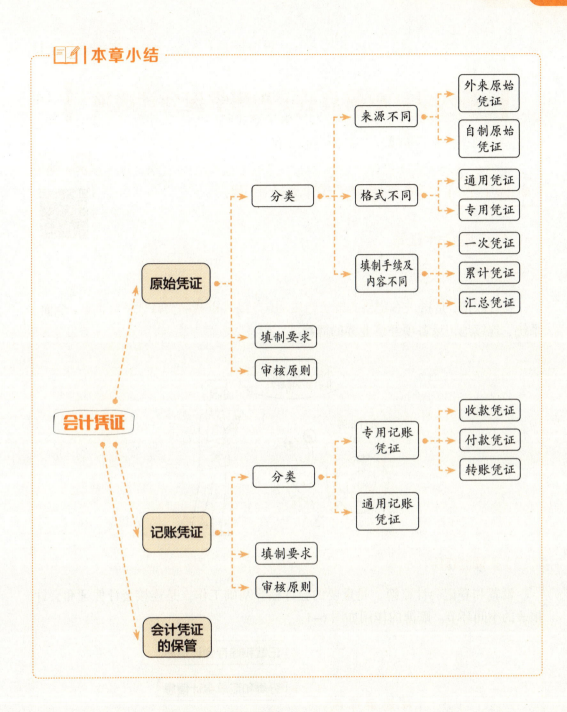

第六章　承前启后：熟练掌握会计账簿

● 第1节　"眼花缭乱"的会计账簿

一、什么是会计账簿

（一）概念

会计账簿，是指由一定格式账页组成的，以经过审核的会计凭证为依据，全面、系统、连续地记录各项经济业务的簿籍。

（二）账簿的作用

设置和登记会计账簿，是重要的会计核算基础工作，是连接会计凭证和会计报表的中间环节。账簿的作用如图 6-1。

图 6-1　账簿的作用

二、会计账簿的内容

（一）封面

主要用于**表明账簿的名称**，如现金日记账、银行日记账、总分类账、应收账款明细账等。账簿的封面如图6-2。

图 6-2　账簿的封面

（二）扉页

主要用于**载明经管人员一览表**，其应填列的内容主要有：经管人员，移交人和移交日期，接管人和接管日期等。账簿的扉页如图6-3。

账 簿 启 用 表

单位名称	名堂奶茶店		（加盖公章）		负责人	职务	姓名
账簿名称	三栏式明细账		第　1　册		单位领导	总经理	小方
账簿编号	第　4　号	启用日期	20×4年1月1日		会计主管	会计主管	小名
账簿页数		本账簿共　25　页			主办会计	会计	小堂

经 营 本 账 簿 人 员 一 览 表

记账		接管日期			移交日期			监交人员		备注
职务	姓名	年	月	日	年	月	日	职务	姓名	
会计	小堂									

图 6-3　账簿的扉页

（三）账页

账页是用来记录**具体经济业务的载体**，其格式因记录经济业务内容的不同而有所不同。每张账页上应载明的主要内容如图6-4，账簿的账页如图6-5。

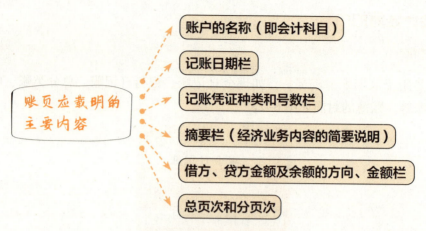

图 6-4　账页应载明的内容

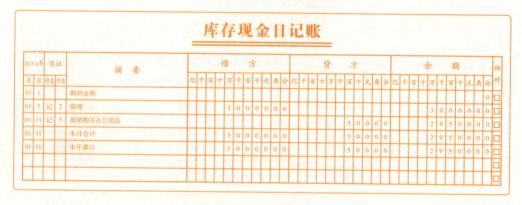

图 6-5　账簿的账页

三、会计账簿的分类

在实际工作中，通常使用以下方法进行分类：按用途分类、按账页格式分类、按外形特征分类。

（一）按用途分类

会计账簿按，可分为序时账簿、分类账簿和备查账簿，如图 6-6 所示。

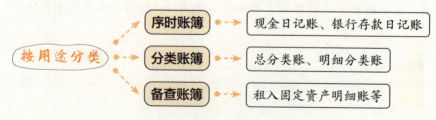

图 6-6　按用途分类的会计账簿

1. 序时账簿

又称"日记账"，是按经济业务发生和（或）完成时间的先后顺序逐日逐笔进行登记的账簿。目前在我国，大多数单位一般只设现金日记账和银行存款日记账。序时账簿如图 6-7。

库存现金日记账

20×4年		凭证		摘　要	借　方											贷　方											余　额											核对
月	日	种类	号数		亿	千	百	十	万	千	百	十	元	角	分	亿	千	百	十	万	千	百	十	元	角	分	亿	千	百	十	万	千	百	十	元	角	分	
01	1			期初金额																																	0	☐
01	7	记	2	提现				3	0	0	0	0	0	0																	3	0	0	0	0	0	0	☐
01	11	记	5	报销购买办公用品																		5	0	0	0	0					2	9	5	0	0	0	0	☐
01	31			本月合计				3	0	0	0	0	0	0									5	0	0	0	0					2	9	5	0	0	0	0	☐
01	31			本年累计				3	0	0	0	0	0	0									5	0	0	0	0					2	9	5	0	0	0	0	☐
																																						☐

图 6-7　序时账簿

📖✏ **| 小贴士**

大家在生活当中记的流水账就是日记账。

2. 分类账簿

分类账簿，是按照会计要素的具体类别而设置的分类账户进行登记的账簿。账簿按其反映经济业务的详略程序，可分为总分类账簿和明细分类账簿。

（1）总分类账簿，简称"总账"，是根据总分类账户开设的，能够全面地反映企业的经济活动。

（2）明细分类账，简称为"明细账"，是根据明细分类账户开设的，用来提供明细的核算资料。

分类账簿是会计账簿的主体，也是编制会计报表的主要依据。总账对所属的明细账起统驭作用，明细账对总账进行补充和说明。分类账簿如图 6-8。

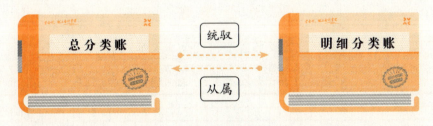

图 6-8　分类账簿

明细分类账：会详细列示你藏了几个小金库，每个小金库有多少钱。

总分类账：只会记录你全部小金库加起来的合计数。

解释一下

3. 备查账簿

备查账簿，又称"辅助登记簿"或"补充登记簿"，是对某些在序时账簿和分类账簿等主要账簿中未进行登记或者登记不全的经济业务进行补充登记的账簿。

备查账簿没有固定格式，可由各单位根据管理的需要自行设置与设计，与其他账簿之间不存在严密的依存和勾稽关系。如租入固定资产登记簿、应收票据备查簿、受托加工来料登记簿。

（二）按账页的格式分类

会计账簿按其账页的格式不同，可以分为三栏式账簿、多栏式账簿、数量金额式账簿，如图 6-9 所示。

图 6-9　按账页格式分类的会计账簿

1. 三栏式账簿

三栏式账簿，是指设有借方、贷方和余额三个金额栏目的账簿。它主要适用于各种日记账、总分类账及资本、债权债务明细账等。三栏式账簿如图 6-10。

图 6-10　三栏式账簿

第六章

2. 多栏式账簿

多栏式账簿是指在账簿的两个金额栏目（借方和贷方）按需要分设若干专栏的账簿，适用于收入、费用、成本、利润分配明细账。多栏式账簿如图 6-11。

明细账

一级科目：销售费用

20X4年 月	日	凭证 种类	号数	摘要	借方	贷方	借或贷	余额	( )方项 销售人员职工薪酬	折旧费	社保费		
01	31	记	10	计提1月工资	940000		借	940000	940000				
01	31	记	13	结转损益		940000	平	0					
01	31			本月合计	940000	940000	平	0					
01	31			本年累计	940000	940000	平	0					
02	28	记	8	计提2月工资	3070000		借	3070000	3070000				
02	28	记	9	计提2月社保费	524000		借	3594000			524000		
02	28	记	10	计提折旧	21111		借	3615111		21100			
02	28	记	14	结转损益		3615111	平	0					
02	28			本月合计	3615111	3615111	平	0					
				本年累计	4555111	4555111	平	0					

图 6-11　多栏式账簿

3. 数量金额式账簿

数量金额式账簿是指在账页的“借方”“贷方”和“余额”三个栏目中，都分设数量、单价和金额等三小栏的账簿，借以反映出财产物资的实物数量和价值量。

原材料和库存商品、产成品等明细账一般采用数量金额式账簿。数量金额式账簿如图 6-12。

明细分类账

月	日	零售价	月	日	批发价	月	日	调拨价

最高存量　最低存量

总第______页
分第______页
编号______

部类______ 产地______ 单位______ 规格______ 品名：速溶奶茶

20×4年 月	日	凭证 字	号	摘要	借（收入）方 数量	单价	金额	贷（付出）方 销售数量	其他数量	单价	金额	余额 数量	单价	金额	存放地点及数量		
12	1			期初金额													
12	11	记	3	购入货物	100	220	2200000					100	220	2200000			
12	27	记	11	销售货物				50		220	1100000	50	220	1100000			
12	29			本月合计	100	220	2200000	50		220	1100000	50	220	1100000			
12	29			本年累计	100	220	2200000	50		220	1100000	50	220	1100000			

图 6-12　数量金额式账簿

（三）按外形特征分类

会计账簿按其外形特征的不同，可以分为订本式账簿、活页式账簿和卡片式账簿，如图 6-13 所示。

图 6-13　按外形特征分类的会计账簿

1. 订本式账簿

订本式账簿，也称"订本账"，是指在启用前将编有顺序页码的一定数量账页装订成册的账簿。

优点：可以避免账页散失，防止账页被随意抽换，比较安全。

缺点：由于账页固定，不能根据需要增加或减少，不便于按需要调整各账户的账页，也不便于分工记账。

这种账簿一般使用于总分类账、现金日记账和银行存款日记账。订本式账簿如图 6-14。

图 6-14　订本式账簿

2. 活页式账簿

活页式账簿，也称"活页账"，是指将一定数量的账页置于活页夹内，可根据记账内容的变化而随时增加或减少部分账页的账簿。

优点：便于账页的增加和重新排列，不会浪费账页；便于分工记账。

缺点：账页容易散失和被随意抽换。

活页账在年度终了时，应及时装订成册，妥善保管。

各种明细分类账一般采用活页式账簿。活页式账簿如图 6-15。

图 6-15　活页式账簿

3. 卡片式账簿

卡片式账簿，又称"卡片账"，是指将一定数量的卡片式账页存放于专设的卡片箱中，可以根据需要随时增添账页的账簿。

优点：便于随时查阅，也便于按不同要求归类整理，不易损坏。

缺点：账页容易散失和随意抽换。

因此，在我国一般只对固定资产明细账采用卡片账形式。卡片式账簿如图6-16。

固 定 资 产 卡 片

建造单位：	第　号	原价：
建造年份：	固定资产名称：	其中：安装费
验收日期：	固定资产类别：	预计使用年限：
交接凭证编号：	固定资产编号：	折旧率：　　年
技术特征规格：		月
开始使用日期：		调入时已使用年限：
		调入时已提折旧额：

完工大修记录	使用单位和内部转移记录	停用记录
日期　凭证　摘要　金额	日期	停用原因
	凭证	
	使用单位	停用日期
	存放地点	动用日期

图 6-16　卡片式账簿

第2节 会计账簿工作始末，你了解吗？

一、会计账簿的启用

启用会计账簿时，应当在账簿封面上写明单位名称和账簿名称，并在账簿扉页上附启用表。账簿启用表如图6-17。

账 簿 启 用 表

单位名称	名堂奶茶店	（加盖公章）		负责人	职务	姓名
账簿名称	三栏式明细账	第 1 册		单位领导	总经理	小方
账簿编号	第 4 号	启用日期	20X4年1月1日	会计主管	会计主管	小名
账簿页数	本账簿共 25 页			主办会计	会计	小堂

贴印花处

经 营 本 账 簿 人 员 一 览 表

记账		接管日期		移交日期		监交人员		备注
职务	姓名	年 月 日		年 月 日		职务	姓名	
会计	小堂							

图6-17　账簿启用表

启用订本式账簿应当从第一页到最后一页顺序编定页数，不得跳页、缺号。使用活页式账簿应当按账户顺序编号，并须定期装订成册，装订后再按实际使用的账页顺序编定页码，另加目录以便于记明每个账户的名称和页次。

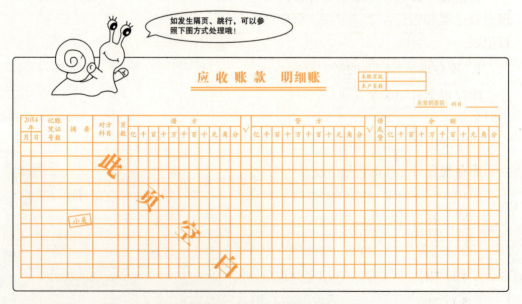

图6-18　跳行、隔页的处理

二、会计账簿的登记

（一）登记账簿的基本要求

表 6-1　登记账簿的基本要求

基本要求	内容
准确完整	登记会计账簿时，应当将会计凭证日期、编号、业务内容摘要、金额和其他有关资料逐项记入账内，做到数字准确、摘要清楚、登记及时、字迹工整。
注明记账符号	账簿登记完毕后，要在记账凭证上签名或者盖章，并在记账凭证的"过账"栏内注明账簿页数或画对勾，注明已经登账的符号，表示已经记账完毕，避免重记、漏记。
书写留空	账簿中书写的文字和数字上面要留有适当空格，不要写满格，一般应占格距的二分之一。
顺序连续登记	在登记各种账簿时，应按页次顺序连续登记，不得隔页、跳行。如发生隔页、跳行现象，应当在空页、空行处用红色墨水划对角线注销，或者注明"此页空白"或"此行空白"字样，并由记账人员盖章。
结出余额	凡需要结出余额的账户，结出余额后，应当在"借或贷"栏目内注明"借"或者"贷"字样，以示余额的方向；没有余额的账户，应在"借或贷"栏内写"平"字，并在"余额"栏内"元"处用"θ"表示。现金日记账和银行存款日记账必须逐日结出余额。
过次承前	每一账页登记完毕结转下页时，应当结出本页合计数及余额，写在本页最后一行和下页第一行相关栏内，并在摘要栏内注明"过次页"和"承前页"字样；也可以将本页合计数及金额只写在下页第一行相关栏内，并在摘要栏内注明"承前页"字样。

（二）日记账的登记

日记账有普通日记账和特种日记账两类。在我国，大多数企业一般只设库存现金日记账和银行存款日记账。而库存现金日记账和银行存款日记账都属于特种日记账。

1. 库存现金日记账的格式与登记方法

库存现金日记账是用来核算和监督库存现金每日的收入、支出和结存状况的序时账簿。

库存现金日记账必须使用订本账，格式一般采用三栏式。

库存现金日记账的登记方法：

（1）"日期栏"登记记账凭证的日期，应与库存现金实际收付日期一致。

（2）"凭证栏"登记记账的收付款凭证的种类和编号。

（3）"摘要栏"登记入账的经济业务的内容，文字简练。

（4）"对方科目栏"登记库存现金收入的来源科目或支出的用途科目。

（5）"借方""贷方"登记库存现金实际收付的金额。每日终了，应分别计算库存现金借方和贷方的合计数，结出余额，同时将余额与出纳员的库存现金实有数额相核对，以检查每日现金收付是否有误。每月期末，应结出当期"借方"栏和"贷方"栏的发生额和期末余额，并与"现金"总分类账户核对一致，做到日清月结，账实相符。如账实不符，应查明原因。

（6）核对栏，是为对账设置的。账账核对时，为了区分已经核对和未核对的账户记录，在已核对过的记录中打"√"，不容易重复对账。

案例导入【例6-1】

20×4年1月7日，名堂奶茶店出纳从其开户银行提取现金30 000元，编制的付款凭证如下图：

图6-19　付款凭证的登记

根据此付款凭证登记的账簿如下图所示：

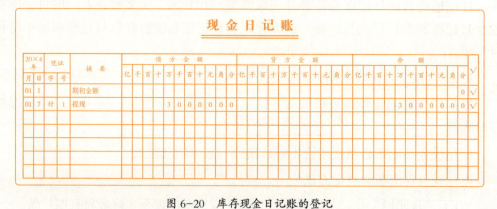

图6-20　库存现金日记账的登记

2. 银行存款日记账的格式与登记方法

银行存款日记账是用来核算和监督银行存款每日的收入、支出和结存情况的账簿。

它是由出纳人员根据银行存款收款凭证、银行存款付款凭证和现金付款凭证按经济业务发生时间的先后顺序，逐日逐笔进行登记的序时账簿。

银行存款日记账应按企业在银行开立的账户和币种分别设置，每个银行存款账户设置一本银行存款日记账。

银行存款日记账必须采用订本式账簿，格式一般采用三栏式。其账页格式和登记方法与库存现金日记账相同。

（三）总分类账的登记

总分类账的登记，可以根据记账凭证逐笔登记，此种方法适用于经济业务少的小型单位；也可以根据记账凭证汇总表（科目汇总表）或汇总记账凭证等定期登记，后两种适用于经济业务多的大中型单位。

总分类账登记的依据和方法，取决于企业采用的账务处理程序。

（四）明细分类账的登记

明细账的登记方法，应根据本单位业务量的大小和经营管理上的需要，以及所记录的经济业务内容来确定。

可以根据原始凭证、汇总原始凭证或记账凭证逐笔登记，也可以根据这些凭证逐日或定期汇总登记。

固定资产、债权债务等明细账可逐日逐笔登记，库存商品、原材料、产成品明细账以及收入、费用明细账可逐日逐笔登记也可定期汇总登记。

明细账无论按怎样的方法分类，各个账户明细账的期末余额之和应与其总账的期末余额相对。

（五）总分类账户与明细分类账户的平行登记

总分类账户及其所属明细分类账户的核算对象是相同的，它们所提供的核算资料互相补充，只有把二者结合起来，才能既总括又详细地反映同一核算内容。

因此，为了保证核算资料的正确、完整，总分类账户和明细分类账户必须平行登记。

平行登记是指对所发生的每项经济业务都要以会计凭证为依据，一方面计入有关总分类账户，另一方面计入所属明细分类账户的方法。

表6-2　总分类账户与明细分类账户平行登记的基本要求

基本要求	内容
方向相同	方向相同，是指会计科目的总分类账和明细分类账以相同方向进行登记，也就是说计入总分类账借方的同时，也要计入明细分类账会计科目的借方；在计入总分类账贷方的同时，也要计入明细分类账会计科目的贷方。
期间一致	期间一致，并非说时间相同，而是指必须在同一会计期间全部登记入账
金额相等	对于发生的每一项经济业务，计入总分类账户的金额必须等于所属明细分类账户的金额之和

三、对账

（一）对账的概念

对账，就是核对账目，是对账簿记录所进行的核对工作，是保证会计账簿记录质量的重要程序。

为了保证各账簿记录和会计报表的真实、完整和正确，如实地反映和监督经济活动，各单位必须做好对账工作。

（二）对账的内容

对账工作一般在月末进行，即在记账之后、结账之前进行。对账应包括账簿与凭证的核对、账簿与账簿的核对、账簿与实物的核对。把账簿记录的数字核对清楚，做到账证相符、账账相符和账实相符。对账工作至少每年进行一次。

图 6-21　对账的内容

1. 账证核对

账证核对是指将会计账簿记录与原始凭证、记账凭证的时间、凭证字号、内容、金额等是否一致进行核对。如有不符之处，应当及时查明原因，予以更正。保证账证相符，是会计核算的基本要求之一，也是账账相符、账实相符的基础。

2. 账账核对

账账核对是指将各种会计账簿之间相对应的记录进行核对。账账核对的内容主要包括：

（1）总分类账簿之间的核对。总分类账簿各账户期初余额、本期发生额和期末余额之间存在对应的平衡关系，期末借方余额合计数与贷方余额合计数也存在平衡关系。这项核对工作通常采用编制"试算平衡表"来完成。

（2）总分类账簿与所属明细分类账簿之间的核对。总分类账簿各账户期末余额与其所属明细分类账各账户期末余额之和核对相符。

（3）总分类账簿与序时账簿之间的核对。库存现金日记账和银行存款日记账的余额与总分类账中"库存现金"和"银行存款"账户余额核对相符。

（4）明细分类账簿之间的核对。会计部门有关财产物资的明细分类账余额与财产物资保管或使用部门登记的明细账核对相符。

3. 账实核对

账实核对是将各种财产物资的账面余额与实存数额进行核对。账实核对的主要内容包括：

（1）现金日记账账面余额与现金实际库存数核对相符。

（2）银行存款日记账账面余额与开户银行对账单核对相符。

（3）各种材料、物资明细分类账账面余额与实存数核对相符。

（4）各种债权债务明细账账面余额与对方单位的账面记录核对相符。

实际工作中，造成账实不符的原因很多，如自然损耗，计量或检验不准，管理不善，重记、漏记和错记，未达账项，意外灾害等。因此，需要通过定期的财产清查来弥补漏洞，保证会计信息真实可靠，提高企业管理水平。

四、结账

（一）结账的概念

结账是一项将账簿记录定期结算清楚的账务工作。在一定时期结束时（如月末、季末或年末），为了编制财务报表，需要进行结账，具体包括月结、季结和年结。结账的内容通常包括两个方面：一是结清各种损益类账户，并据以计算确定本期利润；二是结出各资产、负债和所有者权益类账户的本期发生额合计以及期末余额。

（二）结账的程序

结账前，必须将属于本期内发生的各项经济业务全部登记入账。在此基础上，才可保证结账的有用性，确保会计报表的正确性。结账的基本程序具体表现为：

（1）检查本期内的经济业务是否已全部登记入账，并保证其正确性。

（2）根据权责发生制的要求，调整有关账项，以计算确定本期的成本、费用、收入和财务成果。

（3）将损益类科目转入"本年利润"账户，结平所有损益类科目。

（4）结算出资产、负债和所有者权益账户的本期发生额和余额，并结转下期。

（5）上述工作完成后，就可以根据总分类账和明细分类账的本期发生额和期末余额，分别进行试算平衡。

第3节 企业错账该如何更正?

一、错账查找的方法

在日常的会计核算中,可能发生各种各样的差错,产生错账,如重记、漏记、数字颠倒等。为了保证会计信息的准确性,应及时找出差错,并予以更正。错账查找的方法主要有差数法、尾数法、除2法和除9法。

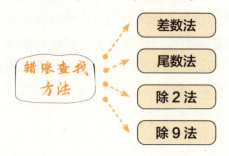

图6-22 错账查找的方法

(一)差数法

差数法是指按照错账的差数查找错账的方法。在记账过程中只登记了会计分录的借方或贷方,漏记了某一方,从而形成试算平衡中借方合计与贷方合计不等。对于这样的差错,可由会计人员通过回忆和相关金额的记账核对来查找。

(二)尾数法

尾数法是指对于发生的差错只查找末位数,以提高查错效率的方法。这种方法适用于借贷方金额其他位数都一致,而只有末位数出现差错的情况。

(三)除2法

除2法是指以差数除以2来查找错账的方法。当某个借方金额错记入贷方(或相反)时,出现错账的差数表现为错误的2倍,将此差数用2去除,得出的商即是反向的金额。

案例导入【例6-2】

小堂错把应记入"库存现金"账户借方的1 000元误记入贷方,则该明细账户的期末余额将小于总分类账户期末余额2 000元,差异数2 000除以2的商1 000即为记入借方的数字。

（四）除9法

除9法是以差数除以9来查找错账的方法，适用于以下三种情况：

1. 将数字写小

案例导入【例6-3】

小堂把400元误记为40元，查找的方法：以差数除以9后得出的商即为写错的数字，商乘以10即为正确数字。360（400－40）除以9，商为40，这40为错数，扩大10倍后即可得出正确数字400。

2. 将数字写大

案例导入【例6-4】

小堂将40元误记为400元，查找的方法：以差数除以9后得出的商即为正确的数字，商乘以10即为错误数字。360（400－40）除以9，商为40，这40为正确数字，扩大10倍后即可得出错误的数字400。

3. 邻数颠倒

查找方法：将差数除以9，得出的商连续加11，直到找出颠倒的数字为准。

案例导入【例6-5】

小堂把24误记为42，则将差数18除以9，得出的商2连续加11，即13、24等，当发现账簿记录中出现本例所举的24时，有可能是颠倒的数字。

二、错账更正的方法

我们按照审核无误的原始凭证登记记账凭证，根据会计凭证登记账簿，如果账簿记录发生错误，必须要按正确的方法进行更正，不能涂改、刮擦、挖补。错账更正方法通常有划线更正法、红字更正法和补充登记法三种。

错账更正方法　→　划线更正法
　　　　　　　→　红字更正法
　　　　　　　→　补充登记法

图6-23　错账更正的方法

（一）划线更正法

记账凭证填制正确，在记账或结账过程中发现账簿记录中文字或数字有错误，应采用划线更正法。

具体做法：先在错误的文字或数字上划一条红线，表示注销，划线时必须使原有字迹仍可辨认；然后将正确的文字或者数字用蓝字写在划线处的上方，并由记账人员在更正处盖章，以明确责任。

对于文字的错误，可以只划去错误的部分，并更正错误的部分；对于错误的数字，应当全部划红线更正，不能只更正其中的个别错误数字。

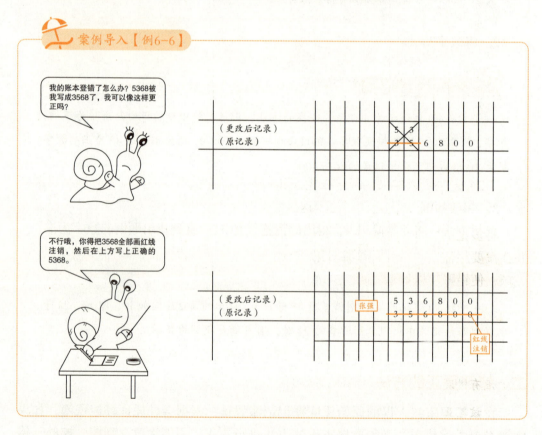

案例导入【例6-6】

（二）红字更正法

红字更正法，适用于以下两种情况：

（1）记账后发现记账凭证中的应借、应贷会计科目有错误所引起的记账错误。具体做法：先用红字金额，填写一张与错误记账凭证内容完全相同的记账凭证，且在摘要栏注明"更正某月某日第 × 号凭证"，并据以用红字金额登记入账，以冲销账簿中原有的错误记录，然后再用蓝字重新填制一张正确的记账凭证，登记入账。这样，原来的错误记录便得以更正。

案例导入【例6-7】

小堂从银行提取现金500元，用以备用。

① 填制记账凭证时，误将借方科目写成"原材料"，并已登记入账。原错误记账凭证为：

借：原材料	500
贷：银行存款	500

② 发现错误后，用红字填制一张与原错误记账凭证内容完全相同的记账凭证。

借：原材料	500
贷：银行存款	500

③ 用蓝字填制一张正确的记账凭证。

借：库存现金	500
贷：银行存款	500

（2）记账后，如果发现记账凭证和账簿记录中应借、应贷的账户没有错误，只是所记金额大于应记金额。对于这种账簿记录的错误，更正的方法：

将多记的金额用红字填制一张与原错误记账凭证会计科目相同的记账凭证，并在摘要栏注明"冲销某月某日第 × 号凭证"，并据以登记入账，以冲销多记的金额，使错账得以更正。

案例导入【例6-8】

小堂从银行提取现金500元，用以备用，假设在编制记账凭证时应借、应贷账户没有错误，只是金额由500元写成了5 000元，并且已登记入账。

该笔业务只需用红字更正法编制一张记账凭证，将多记的金额4 500元用红字冲销即可。

编制的记账凭证为：

借：库存现金	4 500
贷：银行存款	4 500

第六章

（三）补充登记法

在记账之后，如果发现记账凭证中应借、应贷的账户没有错误，但所记金额小于应记金额，造成账簿中所记金额也小于应记金额，这种错账应采用补充登记法进行更正。

更正的方法：将少记金额用蓝笔填制一张与原错误记账凭证会计科目相同的记账凭证，并在摘要栏内注明"补记某月某日第 × 号凭证"并予以登记入账，补足原少记金额，使错账得以更正。

 案例导入【例6-9】

小堂从银行提取现金500元，用以备用，假设在编制记账凭证时应借、应贷账户没有错误，只是金额由500元写成了50元，并且已登记入账。该笔业务只需用补充登记法编制一张记账凭证，将少记的金额450元补足便可。

其记账凭证为：

借：库存现金   450

    贷：银行存款   450

错账更正的三种方法中，红字更正法和补充登记法都是用来更正因记账凭证错误而产生的记账错误，如果非因记账凭证的差错而产生的记账错误，只能用划线更正法更正。

表6-3　错账更正方法总结

错误原因		更正方法	更正步骤
记账凭证正确，登账错误		划线更正法	① 画红线注销 ② 登记正确文字或数字 ③ 在更正处盖章
记账凭证错误，导致记账错误	凭证中仅金额少记	补充登记法	将少记金额补登记入账
	凭证中仅金额多记	红字更正法	用红字冲销多记金额
	凭证中科目错误	红字更正法	① 用红字冲销原记录，并红字入账 ② 填制正确记账凭证并入账

零基础学会计就上会计学堂APP，理论＋实操课，由简入繁系统学习，实用性强上岗更轻松，会计学堂是财务人员学习互助的交流平台。

第4节 会计账簿该如何保管？

一、会计账簿的更换

会计账簿是记录和反映经济业务的重要历史资料和证据。为了使每个会计年度的账簿资料明晰和便于保管，一般来说，总账、日记账和多数明细账要每年更换一次，备查账簿可以连续使用。

二、会计账簿的保管

会计账簿同会计凭证和会计报表一样，都属于会计档案，各单位必须按规定妥善保管。年度终了，会计账簿暂由本单位财务会计部门保管一年，期满后，由本单位财务会计部门编造清册移交本单位的档案部门保管。保管期满后，还要按照规定的审批程序经批准后才能销毁。

表6-4 企业会计档案保管期限表

序号	档案名称	保管期限
1	月/季/半年财报、调节表、对账单、申报表	10年
2	凭证、账簿、会计档案移交清册	30年
3	年度财务会计报告、会计档案保管清册、会计档案销毁清册、会计档案鉴定意见书	永久
4	固定资产卡片	（报废清理后）5年

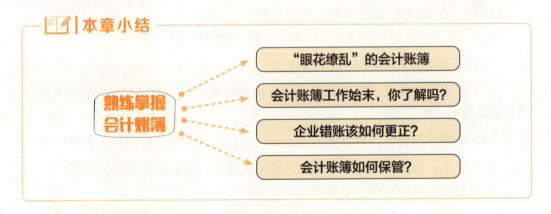

📝 **本章小结**

熟练掌握
会计账簿

- "眼花缭乱"的会计账簿
- 会计账簿工作始末，你了解吗？
- 企业错账该如何更正？
- 会计账簿如何保管？

第七章　循序渐进：完成企业"账务程序"

第1节　轻松把握一般账务处理程序

赶快把这些单据入账出报表，我明天赶着用！

我刚入职，还不会做账，这可怎么办？

别怕，我教你。

老板

小白

一、科目汇总表账务处理程序

科目汇总表账务处理程序是根据记账凭证定期编制科目汇总表，再根据科目汇总表登记总分类账的一种账务处理程序。其一般操作流程如下：

（1）根据原始凭证填制汇总原始凭证；

（2）根据原始凭证或汇总原始凭证，填制收款凭证、付款凭证和转账凭证，也可填制通用记账凭证；

（3）根据收款凭证、付款凭证逐笔登记库存现金日记账和银行存款日记账；

（4）根据原始凭证、汇总原始凭证和记账凭证，登记各种明细分类账；

（5）根据各种记账凭证编制科目汇总表；

（6）根据科目汇总表登记总分类账；

（7）期末，将库存现金日记账、银行存款日记账和明细分类账的余额与有关总分类账的余额核对相符；

（8）期末，根据总分类账和明细分类账的记录，编制财务报表。

科目汇总表账务处理程序如图7-1所示。

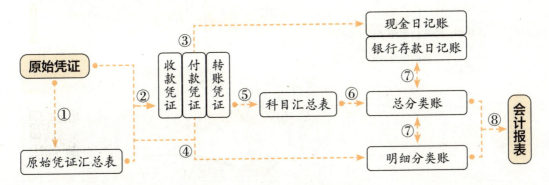

图7-1　科目汇总表账务处理程序

第2节 走进会计电算化——"快账"做账操作系统

一、选择财务软件并建立账套

首先，根据公司的需求选择一款合适的财务软件，常用的有快账、金蝶等（以下操作步骤选用快账进行演示）。

1. 打开网页 https://www.kuaizhang.com/ 进入快账系统。

2. 选择设置→账套管理→新增账套。如图 7-2、图 7-3 所示。

图 7-2　账套管理

第七章

图 7-3　新增账套

3. 进入创建账套界面→填写公司基本信息→点击创建账套即可完成新建账套，如图 7-4 所示。

图 7-4　创建账套

二、设置用户权限

1. 点击设置→选择用户管理→选择新增用户／选择用户，如图 7-5、图 7-6 所示。

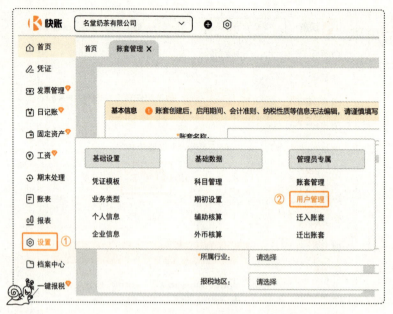

图 7-5　用户管理

图 7-6　新增用户 / 选择用户

2. 在新增用户界面填写用户信息，进行保存，如图 7-7 所示。

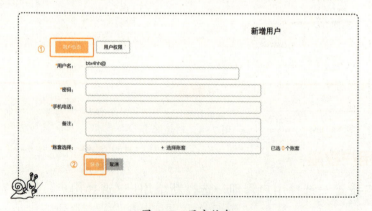

图 7-7　用户信息

3. 点击用户权限界面，根据需求设置修改用户权限，进行保存，如图 7-8 所示。这样我们就完成了用户权限的设置。

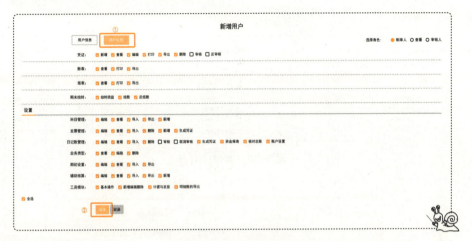

图 7-8　用户权限

三、会计科目设置管理

1. 点击设置→选择科目管理，如图 7-9 所示。

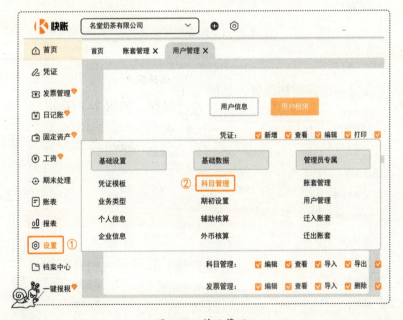

图 7-9　科目管理

2. 在科目管理界面根据需求增加或减少科目，如在银行存款科目下增加二级明细：点击新增子科目→根据需求填写科目信息→点击保存，即可完成科目的新增设置，如图 7-10、图 7-11 所示。

图 7-10　新增子科目

图 7-11　保存科目设置

四、完成期初设置

1. 点击设置→选择期初设置，如图 7-12 所示。

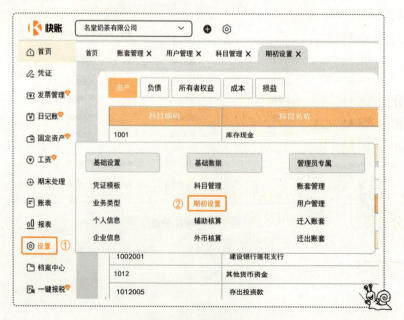

图 7-12　期初设置

第七章

2. 在期初设置界面将期初数据录入，录入后点击保存，这样我们就完成了全部的期初设置，如图 7-13 所示。

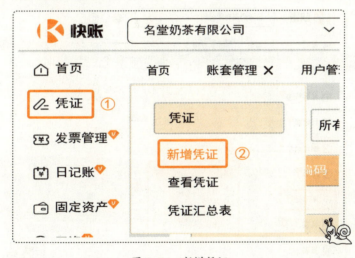

图 7-13　录入期初数据

五、新增凭证

1. 点击凭证→选择新增凭证，如图 7-14 所示。

图 7-14　新增凭证

2. 进入填制界面，根据实际情况填写凭证内容，填写完后点击保存即可完成凭证的填制，如图 7-15 所示。

图 7-15　记账凭证

六、期末结账

点击期末处理→选择需要结账的月份→进入确认界面点击确认→确认之后点击下一步→点击结账，即可完成期末结账，如图 7-16 至图 7-19 所示。

图 7-16　期末处理

图 7-17　结转操作

图 7-18　点击"下一步"

图 7-19　期末结账

七、查阅报表数据

　　点击账表→选择要查看的报表（如资产负债表）→选择查询期间，即可查看对应报表信息，如图 7-20、图 7-21 所示。

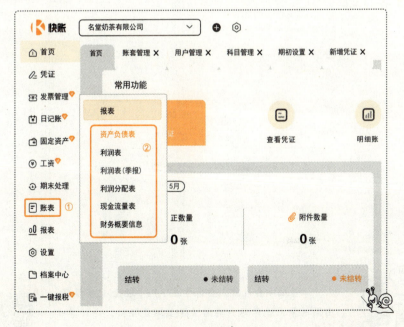

图 7-20　账表

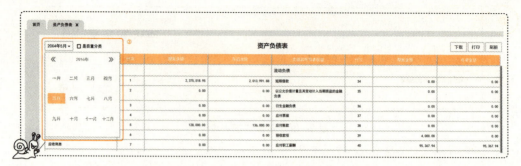

图7-21　资产负债表

第3节 走进会计电算化——"金蝶"做账操作系统

一、选择财务软件并建立账套

首先，根据公司的需求选择一款合适的财务软件，常用的有快账、金蝶等（以下操作步骤选用金蝶精斗云进行演示）。

1. 打开网页 https://www.jdy.com/ 进入金蝶精斗云界面。

2. 选择新增账套→填写基本资料→点击确认，如图7-22、图7-23所示。

图7-22 新建账套

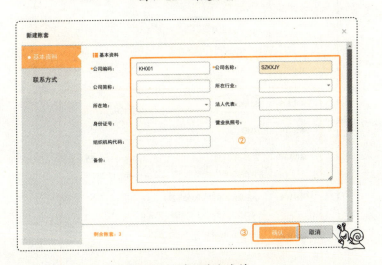

图7-23 填写基本资料

3. 返回首页→选择记账→选择创建全新账套→根据实际情况填写基本信息→点击创建，如图7-24至图7-26所示。

图 7-24　记账

图 7-25　选择创建全新账套

图 7-26　填写基本信息

4. 创建后点击设置→选择系统参数→根据需求填写基本信息→点击保存，即可完成建账，如图7-27、图7-28所示。

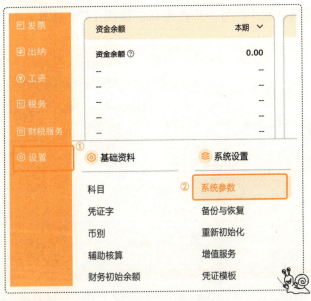

图 7-27　系统参数

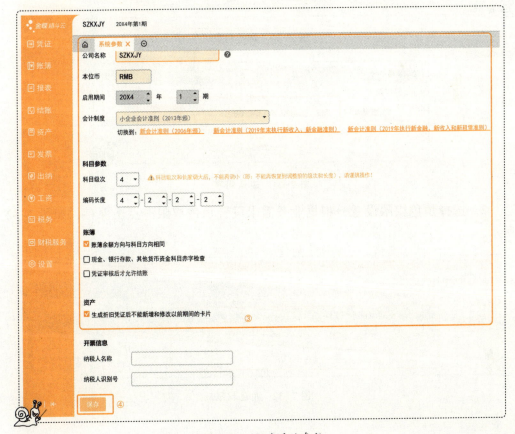

图 7-28　保存系统参数

二、设置用户权限

1. 建账完成之后，回到初始界面→点击授权→选择新增同事进行邀请并添加同事→输入被邀请同事的手机号→点击确认，如图 7-29 至图 7-31 所示。

图 7-29　授权

图 7-30　新增同事

图 7-31　邀请同事

2. 选择角色权限设置→根据业务需求设置角色权限→点击保存，如图 7-32 所示。

图 7-32　角色权限

3. 返回新增同事界面→选择启用→选择第二步设置的对应角色权限→点击授权，即可完成权限设置，如图 7-33、图 7-34 所示。

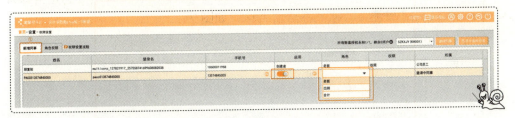

图 7-33　启用

图 7-34　授权

三、会计科目设置管理

1. 点击设置→选择科目，如图 7-35 所示。

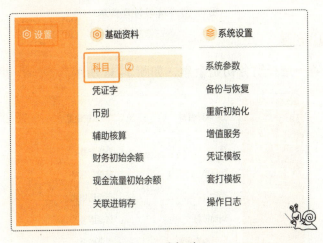

图 7-35　选择科目

2. 在科目界面根据需求增加或减少科目，如在库存现金科目下增加二级明细：点击＋号或点击新增→根据需求填写科目信息→点击保存，即可完成科目的新增设置，如图 7-36、图 7-37 所示。

图 7-36　新增子科目

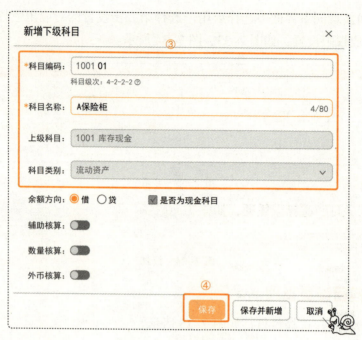

图 7-37　填写科目信息

四、完成期初设置

1. 点击设置→选择财务初始余额，如图 7-38 所示。

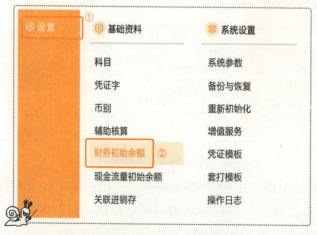

图 7-38　财务初始余额

2. 在财务初始余额界面将期初数据录入，录入后点击保存，这样我们就完成了全部的期初设置，如图 7-39 所示。

图 7-39　录入期初数据

五、新增凭证

1. 点击凭证→选择录凭证，如图 7-40 所示。

图 7-40　录凭证

2. 进入填制界面，根据实际情况填写凭证内容，填写完后点击保存并新增即可完成凭证的填制，如图 7-41 所示。

图 7-41　记账凭证

六、期末结账

选择结账→依次点击生成凭证→点击结账，即可完成期末结账，如图 7-42 所示。

图 7-42　结账

七、查阅报表数据

点击报表→选择要查看的报表（如资产负债表）→选择查询期间，即可查看对应报表信息，如图 7-43、图 7-44 所示。

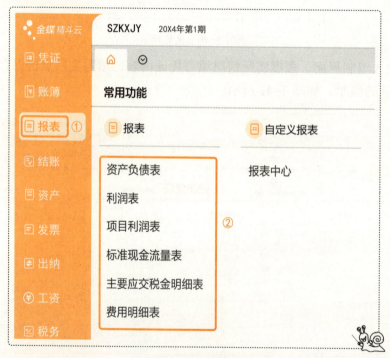

图 7-43　报表

图 7-44　资产负债表

零基础学会计就上会计学堂 APP，理论＋实操课，由简入繁系统学习，实用性强上岗更轻松，会计学堂是财务人员学习互助的交流平台。

📖 | **本章小结**

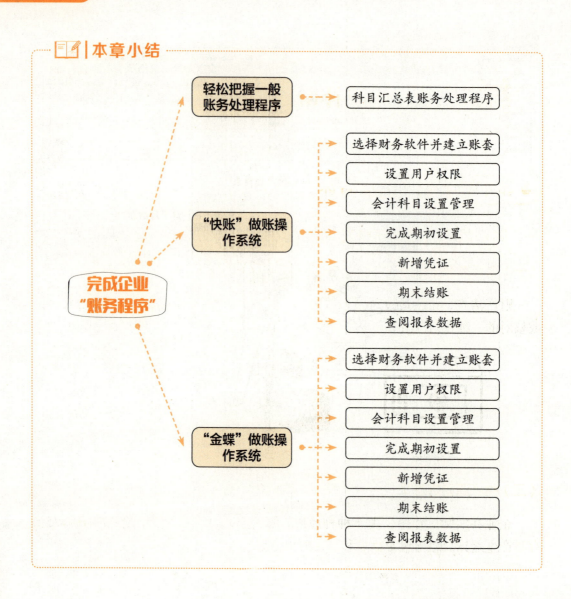

第八章　查缺补漏：深入企业财产清查

● 第1节　财产清查概述

一、财产清查的概念与意义

（一）财产清查的概念

财产清查，是指通过对货币资金、实物资产和往来款项等财产物资进行盘点或核对的一种专门方法。

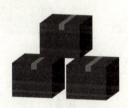

库存现金	存货	固定资产

（二）财产清查的意义

企业在实际工作中，由于种种原因，账簿记录会发生差错，造成账存数与实存数产生差异。差异包含盘盈和盘亏两种情形。

盘盈　　　　　　　　　　盘亏

账簿上 100 个 ＜ 实际 120 个　　　账簿上 100 个 ＞ 实际 120 个

差异一般有以下情况：

（1）在收发物资过程中，由于计量、检验不准确而造成品种、数量或质量上的差错；

（2）财产物资在运输、保管、收发过程中，在数量上发生自然增减变化；

（3）在财产增减变动中，因手续不齐或在计算、登记上发生错误；

（4）由于管理不善或工作人员失职，造成财产损失、变质或短缺等；

（5）贪污盗窃、营私舞弊造成的损失；

（6）自然灾害造成的非常损失；

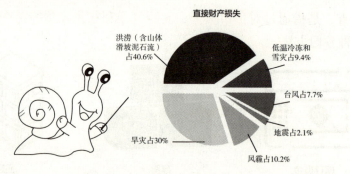

（7）未达账项引起的账账、账实不符等。

企业	银行余额调节表	银行
银行日记账余额 加：银行已收，企业未收的款项 减：银行已付，企业未付的款项		银行对账单余额 加：企业已收，银行未收的款项 减：企业已付，银行未付的款项
调整后余额		调整后余额

图 8-1　银行余额调节表

小贴士

财产清查的意义：

1. 保证账实相符；

2. 保护财产安全完整；

3. 加速资金周转。

二、财产清查的种类

财产清查，按照清查的范围，可以分为全面清查和局部清查；按照清查的时间，可以分为定期清查和不定期清查；按照清查的执行系统，可以分为内部清查和外部清查（图 8-2）。

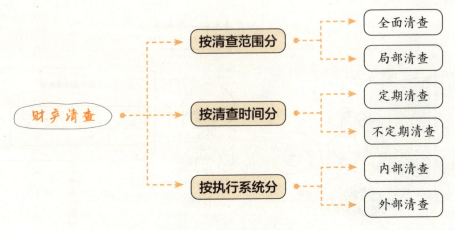

图 8-2　财产清查的种类

【注意】定期清查，一般在年末、季末、月末进行；不定期清查，可全面清查也可局部清查。

案例导入【例 8-1】

小堂有一家从事水产养殖的企业，20×4 年 4 月，连日大雨，小堂养殖鳜鱼的池塘水位急速上涨，大量鳜鱼顺着池塘溢出的水流逃入附近的河流，为避免进一步损失，小堂公司及时加高了池塘的堤坝并组织公司生产、技术、财务、内部审计等部门的员工对池塘的鳜鱼进行了清查盘点。

三、财产清查的一般程序

财产清查是一项复杂细致的工作，涉及面广，为了保质保量完成，企业必须有计划。财产清查一般包括以下程序（图8-3）：

图 8-3　财产清查的一般程序

零基础学会计就上会计学堂APP，理论＋实操课，由简入繁系统学习，实用性强上岗更轻松，会计学堂是财务人员学习互助的交流平台。

第2节 财产清查的方法

对于各种实物、货币资金和往来款项，会计都要进行清查。由于实物的形态、体积、重量等不尽相同，因而所采用的清查方法也不尽相同。在进行财产清查时，应采用与其特点和管理要求相适应的方法。

一、货币资金的清查方法

（一）库存现金的清查

与出纳一同盘点现金，同时与账上核对，如不一致，查明原因，并在账上调节。清查之后填写"库存现金盘点报告表"，其一般格式如表8-1所示。

表8-1 库存现金盘点报告表

单位名称：　　　　　　　　　　年　月　日　　　　　　　　　　单位：元

实存金额	账存金额	对比结果		备注
		盘盈	盘亏	

盘点人：　　　　　　　　　　　　　　　　　　　　　　　　出纳：

（二）银行存款的清查

让出纳打印开户银行对账单，同银行存款日记账核对，若不一致，找出原因，将每个账户通过银行存款余额调节表把银行存款日记账与银行对账单调整成一致。

通过银行传来的对账单，将银行对账单余额与银行存款日记账余额进行核对。若两者不相符，原因可能是：

（1）一方记账有误；

（2）存在未达账项，应该调节银行存款余额调节表达到二者一致。

其计算公式如图8-4所示。

银行存款日记账余额　加：银行已收，企业未收　→　调整后的余额
　　　　　　　　　　减：银行已付，企业未付

相等

银行对账单余额　加：企业已收，银行未收　→　调整后的余额
　　　　　　　　减：企业已付，银行未付

图8-4 银行存款核对公式

银行存款余额调节表的格式如表8-2所示。

表8-2　银行存款余额调节表

单位名称：　　　　　　　　　　　年　　月　　日　　　　　　　　　　　单位：元

项目	金额	项目	金额
银行存款日记账余额		银行对账单余额	
加：银行已收企业未收		加：企业已收银行未收	
减：银行已付企业未付		减：企业已付银行未付	
调整后的余额		调整后的余额	

主管会计签章：　　　　　　　　　　　　　　　　　制表人签章：

案例导入【例8-2】

20×4年6月30日，小堂的奶茶店发现日记账和对账单之间有差异。

其中，银行存款日记账余额90 000元，银行对账单的余额为92 425元。经逐笔核对，发现本月有下列未达账项：

（1）29日，奶茶店送存银行转账支票一张，金额8 000元，已登记银行存款增加，银行尚未办理入账手续。

（2）29日，奶茶店委托银行代收的销货款4 075元，银行已于29日收妥入账，企业未接到收款通知单，尚未入账。

（3）30日，奶茶店开出一张6 850元的现金支票，支付广告费用，银行没有收到支票，没有入账。

（4）30日，银行代企业支付水费500元已登记入账，奶茶店未接到付款通知单，尚未入账。

根据以上资料，小堂编制了银行存款余额调节表，如表8-3所示。

案例导入【例8-2】

（续上页）

表8-3　银行存款余额调节表

单位名称：名堂奶茶店　　　　20×4年06月30日　　　　　　　单位：元

项目	金额	项目	金额
银行存款日记账余额	90 000	银行对账单余额	92 425
加：银行已收企业未收	4 075	加：企业已收银行未收	8 000
减：银行已付企业未付	500	减：企业已付银行未付	6 850
调整后的余额	93 575	调整后的余额	93 575

主管会计签章：小美　　　　　　　　　　　　　　　制表人签章：小堂

小贴士

银行存款余额调节表的作用：

（1）银行存款余额调节表是一种对账记录或对账工具。

（2）调节后的余额如果相等，通常说明企业和银行的账面记录没有错误。

二、实物资产的清查方法

实物资产主要包括固定资产、存货等。实物资产的清查就是对实物资产在数量和质量上所进行的清查。常用的清查方法主要包括两种：

（一）实地盘点法

实地盘点法即通过点数、过磅、量尺等方法来确定实有数量。其适用的范围较广。

案例导入【例8-3】

小堂有一家从事原煤开采和销售的企业，每月末，小堂都会组织生产、库存、技术、财务等各个部门的员工采用无人机技术对公司的库存原煤进行实地盘点。

（二）技术推算法

技术推算法通过量方、计尺等技术推算财产物资的结存数量，故又称"估推法"，只适用于难以逐一清点的财产物资。例如，露天堆放的煤炭、沙子等。

盘存单记录盘点结果，也是原始凭证。格式如表8-4所示。

表8-4　盘存单

单位名称：　　　　　　　　　　　盘点时间：　　　　　　　　　　　编号：

财产类别：　　　　　　　　　　　存放地点：　　　　　　　　　　　金额单位：

编号	名称	计量单位	数量	单价	金额	备注

盘点人：　　　　　　　　　　　　　　　　　　　　　　　　　保管人：

三、往来款项的清查方法

往来款项主要包括应收、应付等。往来款项的清查一般采用发函询证的方法进行核对。

"往来款项对账单"（如图8-5所示）。

往来款项对账单

××单位：

您单位于××年××月××日到我厂购甲产品100件，已付货款2 000元，尚有2 000元货款未付。请核对后将回单联寄回。

××：（清查单位盖章）

年　月　日

沿此虚线剪开，将以下回单联寄回！如有不符，请在回单联上说明情况。

往来款项对账单（回联）

×××清查单位：

您单位寄来的"往来款项对账单"已收到，经核对相符无误。

××：（单位盖章）

年　月　日

图8-5　往来款项对账单

收到上述回单后，应据此编制"往来款项清查结果报告表"，根据具体情况采取相应措施解决（表8-5）。

表8-5　往来款项清查结果报告表

单位名称：　　　　　　　　　　　年　月　日　　　　　　　　　　单位：元

债券、债务单位	账面结存金额	对方结存金额	对比结果		差异原因和金额		备注
			大于对方数额	小于对方数额	争议中的账项	未达账项	

● 第3节 财产清查结果的处理

一、总体账务处理

1. 大部分情况：两步走，先批准，再处理

（1）审批前，先计入"待处理财产损溢"。

（2）批准后，按审批意见。

① 营业外收支：不明情形，自然灾害，被盗取，意外情形；

② 管理费用：正常的计量误差，确认为管理费用。

2. 固定资产盘盈是会计差错，计入"以前年度损益调整"

二、财产清查结果的账务处理

（一）"待处理财产损溢"科目

借方　　　　　　　　待处理财产损溢　　　　　　　　贷方	
待处理财产盘亏金额 批准后结转待处理财产盘盈数	待处理财产盘盈金额 批准后结转待处理财产盘亏数
待处理净损失	待处理净溢余

图8-6　待处理财产损溢账户图

待处理财产损溢，专门核算企业各种财产物资的盘盈、盘亏和毁损。

· 借方登记各种财产物资的盘亏、毁损数及按照规定程序批准的盘盈转销数。

· 贷方登记各种财产物资的盘盈数及按照规定程序批准的盘亏、毁损转销数。

· "借方余额"表示尚未处理的各种物资的净损失数。

· "贷方余额"表示尚未处理的各种财产物资的净溢余数。

📝 小贴士

"待处理财产损溢"账户在期末结账后没有余额。原因是企业清查的各种财产的盘盈、盘亏和毁损应在期末结账前处理完毕。

（二）库存现金清查结果的账务处理

案例导入【例8-4】

（1）小堂在财产清查中，发现库存现金长款100元。其中，80元该付给报销人员，另外20元其原因无法查明，按管理权限报经批准，列作营业外收入。分录见下表。

（2）小堂在财产清查中，发现库存现金盘亏100元，其中出纳小美应赔偿80元，剩余部分因管理不善造成。分录见下表。

表8-6　库存现金清查结果的账务处理

	案例（1）	案例（2）
	盘盈	盘亏
第一步发现时	多出100元现金 借：库存现金　100 　贷：待处理财产损溢　100	少了100元现金 借：待处理财产损溢　100 　贷：库存现金　100
第二步报经批准	其中80元该付给报销人员，20元原因不明 借：待处理财产损溢　100 　贷：其他应付款　80 　　营业外收入　20	其中80元由出纳小美赔偿，20元管理不善导致 借：其他应收款　80 　管理费用　20 　贷：待处理财产损溢　100

（三）存货清查结果的账务处理

案例导入【例8-5】

（1）小堂的奶茶店在财产清查中，盘盈奶茶的材料珍珠果一批，价值18 000元。经查，多出18 000元的原材料，其中，16 000元属于需要退还给供应商的材料款，其他2 000元为收发计量误差所致，按管理权限报经批准后，冲减"管理费用"增加"其他应付款"。假定不考虑增值税因素，分录见下表。

（2）小堂在财产清查中，发现奶茶的材料珍珠果盘亏1 700元。经查属于管理不善（未采取适当措施导致材料被盗或遭鼠虫啃咬等）按管理权限报批后应作为管理费用，计入本期损益。分录见下表。

表8-7　存货清查结果的账务处理

	案例（1）	案例（2）
	盘盈	盘亏
第一步发现时	多出18 000元的原材料 借：原材料　18 000 　贷：待处理财产损溢　18 000	少了1 700元的原材料 借：待处理财产损溢　1 700 　贷：原材料　1 700
第二步报经批准	多出18 000元的原材料，其中，16 000元属于需要退还给供应商的材料款，其他2 000元为收发计量误差所致 借：待处理财产损溢　18 000 　贷：其他应付款　16 000 　　管理费用　2 000	1 700元属于管理不善（未采取适当措施导致材料被盗或遭鼠虫啃咬等） 借：管理费用　1 700 　贷：待处理财产损溢　1 700

（四）固定资产清查结果的账务处理

固定资产是一种单位价值较高、使用期限较长的有形资产。对于盘盈、盘亏的固定资产应及时查明原因，在期末结账前处理完毕。

1. 固定资产盘盈的账务处理

企业对于盘盈的固定资产，作为前期差错处理，通过"以前年度损益调整"科目核算。

 案例导入【例8-6】

小堂的奶茶店在财产清查中，发现盘盈一台制冰机设备，估计重新购买的价值为6 000元。假定不考虑增值税等因素，分录如下：

借：固定资产   6 000

  贷：以前年度损益调整   6 000

2. 固定资产盘亏的账务处理

固定资产盘亏时，通过"待处理财产损溢"科目核算。

 案例导入【例8-7】

小堂的奶茶店在财产清查中发现盘亏制冰机一台，其原值为10 000元，已提折旧额7 000元。经查明，过失人小美需赔偿2 000元，已批准处理。分录如下：

1. 批准前

借：待处理财产损溢   3 000

  累计折旧   7 000

  贷：固定资产   10 000

2. 批准后

借：其他应收款   2 000

  营业外支出   1 000

  贷：待处理财产损溢   3 000

（五）结算往来款项盘存的账务处理

长期未结算的往来款项，经查明确实无法支付的应付款项可按规定程序报经批准后，转作营业外收入。

坏账是指企业无法收回或收回的可能性极小的应收款项。由于发生坏账而产生的损失，称为"坏账损失"。企业通常应将符合下列条件之一的应收款项确认为坏账：

（1）债务人死亡，以其遗产清偿后仍然无法收回；

（2）债务人破产，以其破产财产清偿后仍然无法收回；

（3）债务人较长时期内未履行其偿债义务，并有足够的证据表明无法收回或者收回的可能性极小。

对于已经确认为坏账的应收款项，并不意味着企业放弃了追索权，一旦重新收回，应及时入账。

案例导入【例8-8】

小堂开了一家医美公司，为明星小美提供了一项美容手术服务，事后小美并未支付服务费，该项医疗美容服务费价值10万元。后来，小美因偷漏税被查，小堂认为收回小美的10万元服务费的可能性极低，因此对该笔债权全额计提的坏账准备。（此时坏账暂没发生，只是估计的）会计分录：

借：信用减值损失	100 000
贷：坏账准备	100 000

过了1年，小美仍未复出，小堂公司认为该笔服务费没有任何收回的可能性，因此注销了该服务费，表示坏账真的发生了。会计分录：

借：坏账准备	100 000
贷：应收账款	100 000

3年后，小美良心发现，偿还了小堂10万元的服务费，小堂公司的账务处理：

借：应收账款	100 000
贷：坏账准备	100 000
借：银行存款	100 000
贷：应收账款	100 000

📝| **本章小结**

```
                              ┌→ 财产清查的概念与意义
                   财产清查概述 ┼→ 财产清查的种类
                              └→ 财产清查的一般程序

                              ┌→ 货币资金的     ┄→ 库存现金和银行
                              │  清查方法           存款的清查方法
深入企业       财产清查的     ┼→ 实物资产的     ┄→ 实地盘点法、
财产清查       方法           │  清查方法           技术推算法
                              └→ 往来款项的     ┄→ 函证
                                 清查方法

                              ┌→ 总体账务       ┄→ 先批准，再处理
                              │  处理
                              │                  ┌→ "待处理财产损
              财产清查结果    │                  │   溢"科目
              的处理          │                  ├→ 库存现金清查
                              │                  │   账务处理
                              └→ 具体账务       ┼→ 存货清查结果
                                 处理           │   账务处理
                                                ├→ 固定资产清查
                                                │   账务处理
                                                └→ 往来款项盘存
                                                    账务处理
```

第九章　得心应手：看看企业干得怎么样

扫"码"听课

● 第1节　"财务报表"看不懂，吃大亏！

一、什么是财务报表

财务报表是反映企业财务状况、经营成果和现金流量的结构性表述。

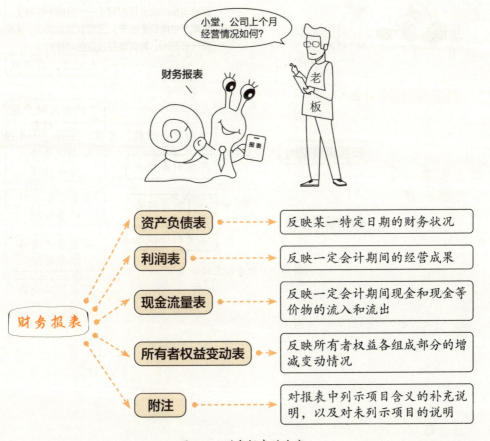

图9-1　财务报表的内容

第九章

照相机，记录此时此刻

资产负债表是照相机
反映的是"此时此刻"（月底或年底）公司有多少资产、多少负债和股东权益。公司是动态发展的，过了这一刻，数据就变了。

摄像机，记录一段时间

利润表是摄像机
反映的是过去一段时间（一个月或一年等），公司产生了多少收入、形成了多少利润。

点钞机，记录现金收支

现金流量表是点钞机
反映的是过去一段时间（一个月或一年等），公司产生的现金收支，只要有现金进出，无论是什么原因，都需要经过这台点钞机。

二、财务报表的分类

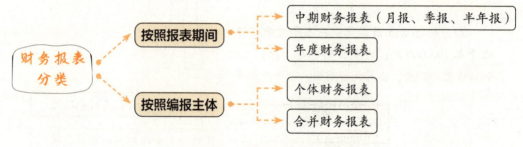

图 9-2　财务报表的分类

　　零基础学会计就上会计学堂 APP，理论＋实操课，由简入繁系统学习，实用性强上岗更轻松，会计学堂是财务人员学习互助的交流平台。

● 第2节　资产负债表：告诉老板公司有多少家底

一、资产负债表概述

资产负债表是对企业**某一特定日期财务状况**的直观反映，属于**静态**会计报表。

它是根据**"资产＝负债＋所有者权益"**这一会计等式进行编制的。因此，它反映了企业在某一特定日期所拥有或控制的经济资源、所承担的现时义务和所有者对净资产的要求权。

照相机，记录此时此刻

二、资产负债表的列报要求

案例导入【例9-1】

名堂奶茶店注册成立，股东小堂和小名出钱给公司共 100 000 元，即公司实收资本 100 000 元；为成立奶茶店，他们又向银行借款 50 000 元，形成短期借款 50 000 元。月底，公司就会产生一张资产负债表。

资产		负债及所有者权益	
流动资产		流动负债	50 000
货币资金	150 000		
		非流动负债	
非流动资产		所有者权益	
		实收资本	100 000
合计	150 000	合计	150 000

公司有哪些家底**这些家底从哪里来**

图 9-3　资产负债表的列式图

整张资产负债表分为三大区域：

左侧：记录公司的所有**资产**，根据**流动性**不同，分为流动资产和非流动资产；

右上：记录公司所有**负债**，根据**负债时间长短**，分为流动负债和非流动负债；

右下：记录**所有者权益**。

资产负债表的列式反映了其原理，即**资产＝负债＋所有者权益**。

我国企业资产负债表格式如表 9-1 所示。

表 9-1 资产负债表

编制单位：　　　　　　　　　　年　月　日　　　　　　　　　金额单位：元

资产	期末余额	上年年末余额	负债和所有者权益（或股东权益）	期末余额	上年年末余额
流动资产：			流动负债：		
货币资金		**强**	短期借款		**先**
交易性金融资产			交易性金融负债		
衍生金融资产			衍生金融负债		
应收票据		流动性	应付票据		清偿时间
应收账款			应付账款		
应收款项融资			预收款项		
预付款项			合同负债		
其他应收款		**弱**	应付职工薪酬		**后**
存货			应交税费		
合同资产			其他应付款		
持有待售资产			持有待售负债		
一年内到期的非流动资产			一年内到期的非流动负债		
其他流动资产			其他流动负债		
流动资产合计			流动负债合计		
非流动资产：			非流动负债：		
债权投资			长期借款		
其他债权投资			应付债券		
长期应收款			其中：优先股		
长期股权投资			永续债		
其他权益工具投资			租赁负债		
投资性房地产			长期应付款		
固定资产			预计负债		
在建工程			递延收益		
无形资产			递延所得税负债		
开发支出			其他非流动负债		
商誉			**非流动负债合计**		
长期待摊费用			**负债合计**		
递延所得税资产			**所有者权益（或股东权益）：**		
其他非流动资产			实收资本（股本）		

（续表）

资产	期末余额	上年年末余额	负债和所有者权益（或股东权益）	期末余额	上年年末余额
非流动资产合计			资本公积		
			其他综合收益		
			盈余公积		
			未分配利润		
			所有者权益（或股东权益）合计		
资产总计			负债和所有者权益（或股东权益）总计		

三、资产负债表的基本编制方法

案例导入【例9-2】

小名：小堂，我看会计做账记录的是我们有银行存款150 000，怎么报表上列式的是货币资金150 000元？

小堂：会计做账记的那叫"会计科目"，报表上列式的那叫"报表项目"。

小名：这两个有什么区别吗？

小堂：当然啦。会计科目就像大家在不同场合会用到的小名，是平常做账用的，报表项目就像大家身份证上的名字，是用来做报表对外展示的。

对于小堂，在公司，同事叫他"豆豆"；回到家，爸妈叫他"小堂"；"豆豆""小堂"都是他的小名（会计科目）。但是身份证上他的名字是翁小堂，翁小堂才是他的大名（报表项目）。

📖✏️ 小贴士

会计科目是我们写分录时用的，用来记录一条条具体的业务，是核算的中间过程；而报表项目是企业展示汇总数据时用的，是核算出的最终结果。

（一）"货币资金"的填列方法

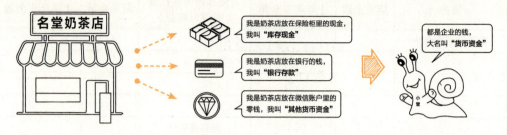

名堂奶茶店

我是奶茶店放在保险柜里的现金，我叫**库存现金**

我是奶茶店放在银行的钱，我叫**银行存款**

我是奶茶店放在微信账户里的零钱，我叫**其他货币资金**

都是企业的钱，大名叫**"货币资金"**

📝 小贴士

"货币资金"项目金额＝"库存现金"科目余额＋"银行存款"科目余额＋"其他货币资金"科目余额

案例导入【例9-3】

名堂奶茶店 20×4 年 12 月 31 日结账后，有关账户的期末余额如下：总分类账户的银行存款余额是 1 200 元，库存现金的余额是 1 000 元，其他货币资金余额是 9 000 元。问资产负债表中的货币资金是多少？

"货币资金"项目金额＝1 000＋1 200＋9 000＝11 200（元）。

（二）"固定资产"的填列方法

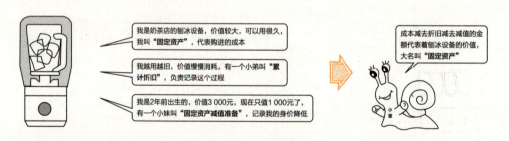

我是奶茶店的刨冰设备，价值较大，可以用很久，我叫**"固定资产"**，代表购进的成本

我越用越旧，价值慢慢消耗，有一个小弟叫**"累计折旧"**，负责记录这个过程

我是2年前出生的，价值3 000元，现在只值1 000元了，有一个小妹叫**"固定资产减值准备"**，记录我的身价降低

成本减去折旧减去减值的金额代表着刨冰设备的价值，大名叫**"固定资产"**

📝 小贴士

"固定资产"项目金额＝"固定资产"科目余额－"累计折旧"科目余额－"固定资产减值准备"科目余额

案例导入【例9-4】

名堂奶茶店20×4年12月31日结账后，有关账户的期末余额如下：固定资产账户余额为100 000元，累计折旧账户余额为25 000元，固定资产减值准备账户余额为15 000元。问：20×4年12月31日资产负债表中"固定资产"项目的填列金额是多少？

"固定资产"项目金额 = 100 000 − 25 000 − 15 000 = 60 000（元）。

（三）"无形资产"的填列方法

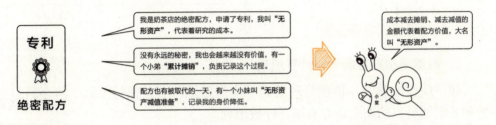

📖 小贴士

"无形资产"项目金额 = "无形资产"科目余额 − "累计摊销"科目余额 − "无形资产减值准备"科目余额

（四）"存货"的填列方法

📖 小贴士

"存货"项目金额 = "原材料"科目余额 + "库存商品"科目余额 + "周转材料"科目余额 + "在途物资"科目余额 + "材料采购"科目余额 + "委托加工物资" + "生产成本"科目 ± "材料成本差异"科目余额（借＋贷−）− "存货跌价准备"科目余额

案例导入【例9-5】

名堂奶茶店采用计划成本核算材料，20×4年12月31日结账后有关科目余额为："材料采购"科目余额为240 000元（借方），"原材料"科目余额为1 000 000元（借方），"库存商品"科目余额为1 800 000元（借方），"生产成本"科目余额为600 000元（借方），"材料成本差异"科目余额为100 000元（贷方），"存货跌价准备"科目余额为200 000元（贷方）。

名堂奶茶店20×4年12月31日资产负债表中的"存货"项目金额为：

240 000 + 1 000 000 + 1 800 000 + 600 000 − 100 000 − 200 000 = 3 340 000（元）。

（五）其他项目的填列方法

1. 根据明细科目的余额计算填列

如"应付账款"，该项目应根据"应付账款"和"预付账款"两个科目所属的相关明细科目的期末贷方余额合计数填列。

"预收款项"项目，应根据"预收账款"和"应收账款"两个科目所属明细科目的期末贷方余额合计数填列。

案例导入【例9-6】

名堂奶茶店20×4年12月31日结账后有关账户余额如表9-2所示。

表9-2　名堂奶茶店20×4年12月31日结账后有关账户余额

单位：万元

科目	总账余额	借方明细	贷方明细	坏账准备
应收账款	借150	160	10	20
预收账款	贷80	60	140	
应付账款	贷140	40	180	
预付账款	借74	80	6	10

（1）"预收款项"项目金额＝"预收账款"明细科目贷方余额＋"应收账款"明细科目贷方余额＝140＋10＝150（万元）。

（2）"应付账款"项目金额＝"应付账款"明细科目贷方余额＋"预付账款"明细科目贷方余额＝180＋6＝186（万元）。

2. 根据有关科目余额减去其备抵类科目余额后的净额填列

例如：资产负债表中"应收账款""预付款项"等项目。

"应收账款"项目金额＝"应收账款"明细科目借方余额＋"预收账款"明细科目借方余额－"坏账准备"科目余额。

"预付款项"项目金额＝"预付账款"明细科目借方余额＋"应付账款"明细科目借方余额－"坏账准备"科目余额。

案例导入【例9-7】

名堂奶茶店 20×4 年 12 月 31 日结账后有关账户余额如表 9-3 所示。

表 9-3　名堂奶茶店 20×4 年 12 月 31 日结账后有关账户余额

单位：万元

科目	总账余额	借方明细	贷方明细	坏账准备
应收账款	借150	160	10	20
预收账款	贷80	60	140	
应付账款	贷140	40	180	
预付账款	借74	80	6	10

（1）"应收账款"项目金额＝"应收账款"明细科目借方余额＋"预收账款"明细科目借方余额－"坏账准备"科目余额＝ 160＋60－20＝200（万元）。

（2）"预付款项"项目金额＝"预付账款"明细科目借方余额＋"应付账款"明细科目借方余额－"坏账准备"科目余额＝ 80＋40－10＝110（万元）。

3. 根据总账科目和明细科目余额分析计算填列

例如"长期借款"项目需要根据"长期借款"总账科目期末余额扣除"长期借款"科目所属明细科目中，将在资产负债表日起一年内到期且企业不能自主地将清偿义务展期的长期借款后的金额计算填列。其中，将于一年内到期且企业不能自主地将清偿义务展期的长期借款，记入"一年内到期的非流动负债"项目。

案例导入【例9-8】

名堂奶茶店20×4年12月31日长期借款情况如表9-4所示。

表9-4　名堂奶茶店20×4年12月31日长期借款情况

借款起始日期	借款期限（年）	金额（元）
20×4年1月1日	3	2 000 000
20×3年1月1日	5	1 000 000
20×2年6月1日	3	1 500 000

将在一年内到期的长期借款为1 500 000元，应填列在流动负债项目下"一年内到期的非流动负债"项目。20×4年12月31日"长期借款"项目金额为2 000 000 + 1 000 000 = 3 000 000（元）。

零基础学会计就上会计学堂APP，理论＋实操课，由简入繁系统学习，实用性强上岗更轻松，会计学堂是财务人员学习互助的交流平台。

● 第3节　利润表：告诉老板公司是赚还是亏

一、利润表概述

利润表，又称损益表，是反映企业在一定会计期间的经营成果的会计报表，属于动态会计报表。

它以"收入－费用＝利润"为理论依据，依据利润的形成原因及过程，将企业在一定会计期间发生的收入、费用、利得和损失的具体项目适当分类、汇总、排列和计算后编制而成。

摄像机，记录一段时间

案例导入【例9-9】

小堂10元采购原材料制作珍珠奶茶，并以20元卖给顾客，小堂获得的利润是多少？

收入20元－成本10元＝利润10元。

名堂奶茶店

这是您的珍珠奶茶！

二、利润表的底层逻辑

在我国，企业应当采用多步式利润表，将不同性质的收入和费用分别进行对比，以便得出一些中间性的利润数据，如营业利润、利润总额、净利润，帮助使用者理解企业经营成果的不同来源。

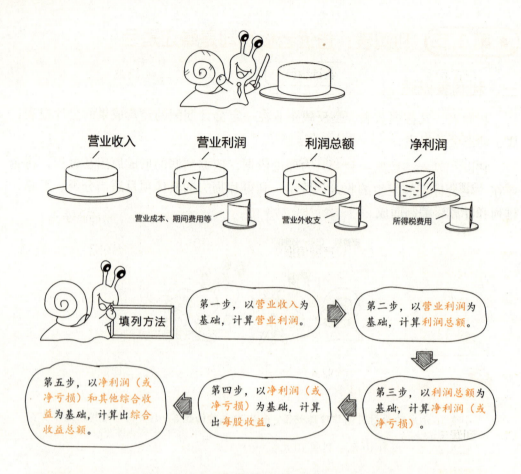

利润表的底层逻辑如表9-5所示。

表9-5 利润表的底层逻辑

报表项目	会计科目	大白话
营业收入	主营业务收入	主业挣的钱
	其他业务收入	副业挣的钱
− 营业成本	主营业务成本	主业发生的成本
	其他业务成本	副业发生的成本
− 税金及附加	税金及附加	经营过程要交的一些税
− 销售费用	销售费用	为销售产品花的钱，比如广告
− 管理费用	管理费用	管理的钱，比如职能部门的工资

（续表）

报表项目	会计科目	大白话
－ 研发费用	研发费用	搞研究开发的费用
－ 财务费用	财务费用	借钱产生的手续费、利息
＋ 其他收益	其他收益	如政府补助
＋ 投资收益	投资收益	投资赚了或亏了
＋ 公允价值变动收益	公允价值变动损益	市场价格波动引起的盈亏
－ 资产减值损失	资产减值损失	非金融资产跌价了
－ 信用减值损失	信用减值损失	金融资产跌价了
＋ 资产处置收益	资产处置损益	卖掉固定资产、无形资产的赢亏
＝ 营业利润	——	正常经营赚的钱
＋ 营业外收入	营业外收入	意外收入，比如收到捐赠
－ 营业外支出	营业外支出	非日常的支出，比如罚款
＝ 利润总额	——	企业全部赚的钱
－ 所得税费用	所得税费用	企业挣钱了要交的所得税
＝ 净利润	——	交税后赚的钱

📝 | **小贴士**

营业利润、利润总额和净利润的计算方法：

营业利润＝营业收入－营业成本－税金及附加－销售费用－管理费用－财务费用－研发费用－资产减值损失－信用减值损失＋公允价值变动收益（减损失）＋投资收益（减损失）＋其他收益（减损失）＋资产处置收益（减损失）

利润总额＝营业利润＋营业外收入－营业外支出

净利润＝利润总额－所得税费用

特殊项目说明：

"研发费用"项目，反映企业进行研究与开发过程中发生的费用化支出以及计入管理费用的自行开发无形资产的摊销。本项目应根据"管理费用"科目下的"研发费用"明细科目的发生额以及"管理费用"科目下"无形资产摊销"明细科目的发生额分析填列。

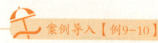 案例导入【例9-10】

名堂奶茶店20×4年度"管理费用"科目发生额合计数为800万元，其中"研发费用"明细科目发生额为300万元。

名堂奶茶店20×4年度利润表中"管理费用"项目"本期金额"栏的列报金额为500万元；"研发费用"项目"本期金额"栏的列报金额为300万元。

 案例导入【例9-11】

名堂奶茶店20×4年12月31日，有关损益类科目发生额如表9-6所示。

表9-6　本期损益类科目发生额

单位：元

科目名称	借方发生额	贷方发生额
主营业务收入		800 000
其他业务收入		20 000
主营业务成本	560 000	
其他业务成本	7 000	
税金及附加	6 000	
销售费用	50 000	
——广告费	20 000	
——工资	30 000	
管理费用	40 000	
——办公费	10 000	
——工资	20 000	
——研发费用	10 000	
利息费用	-200	
——利息收入	-200	
所得税费用	4 500	

（续上页）

 案例导入【例9-11】

根据表9-6，编制20×4年12月的利润表（"上期金额"栏略），如表9-7所示。

表9-7　利润表（简表）

编制单位：名堂奶茶店　　　　　20×4年12月　　　　　金额单位：元

项　目	本期金额
一、营业收入	820 000
减：营业成本	567 000
税金及附加	6 000
销售费用	50 000
管理费用	30 000
研发费用	10 000
财务费用	−200
其中：利息费用	
利息收入	−200
加：其他收益	
……	
二、营业利润（亏损以"−"号填列）	157 200
加：营业外收入	
减：营业外支出	
三、利润总额（亏损总额以"−"号填列）	157 200
减：所得税费用	4 500
四、净利润（净亏损以"−"号填列）	152 700
……	

零基础学会计就上会计学堂APP，理论＋实操课，由简入繁系统学习，实用性强上岗更轻松，会计学堂是财务人员学习互助的交流平台。

第4节 现金流量表：告诉老板现金比利润更重要

案例导入【例9-12】

一、现金流量表概述

现金流量表是指反映企业在**一定会计期间现金和现金等价物**流入和流出的报表。

第九章

它是以资产负债表和利润表等会计核算资料为依据，按照收付实现制会计基础要求对现金流量的结构性描述，揭示企业在一定会计期间获取现金及现金等价物的能力。

> ### 📝 | 小贴士
>
> 现金，是指企业库存现金以及可以随时用于支付的存款。
>
> 现金等价物，是指企业持有期限短、流动性强、易于转换为已知金额现金、价值变动风险很小的投资。如三个月内到期的债券投资。
>
>

二、现金流量表的结构与格式

现金流量表的基本结构根据"现金流入量－现金流出量＝现金净流量"公式设计。根据企业业务活动的性质和现金流量的功能，主要现金流量可以分为三类并在现金流量表中列示，即经营活动产生的现金流量、投资活动产生的现金流量和筹资活动产生的现金流量。每一项分为流入量、流出量和净流量三部分分项列示。

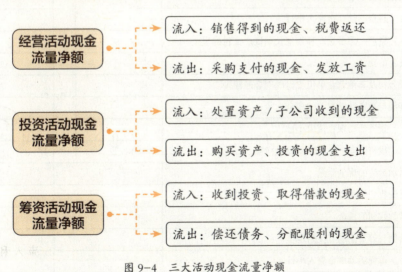

图 9-4　三大活动现金流量净额

现金流量表的格式如表 9-8 所示。

表 9-8　现金流量表

编制单位：　　　　　　　　　　　年　　月　　　　　　　　金额单位：

项　目	本期金额	上期金额
一、经营活动产生的现金流量		
销售商品、提供劳务收到的现金		
收到的税费返还		
收到其他与经营活动有关的现金		
经营活动现金流入小计		
购买商品、接受劳务支付的现金		
支付给职工以及为职工支付的现金		
支付的各项税费		
支付的其他与经营活动有关的现金		
经营活动现金流出小计		
经营活动产生的现金流量净额		
二、投资活动产生的现金流量		
收回投资收到的现金		
取得投资收益收到的现金		
处置固定资产、无形资产和其他长期资产收回的现金净额		
处置子公司及其他营业单位收到的现金净额		
收到其他与投资活动有关的现金		
投资活动现金流入小计		
购建固定资产、无形资产和其他长期资产支付的现金		
投资支付的现金		
取得子公司及其他营业单位支付的现金净额		
支付其他与投资活动有关的现金		
投资活动现金流出小计		
投资活动产生的现金流量净额		
三、筹资活动产生的现金流量		
吸收投资收到的现金		
取得借款收到的现金		
收到其他与筹资活动有关的现金		
筹资活动现金流入小计		
偿还债务支付的现金		
分配股利、利润或偿付利息支付的现金		
支付其他与筹资活动有关的现金		

（续表）

项　目	本期金额	上期金额
筹资活动现金流出小计		
筹资活动产生的现金流量净额		
四、汇率变动对现金及现金等价物的影响		
五、现金及现金等价物净增加额		
加：期初现金及现金等价物余额		
六、期末现金及现金等价物余额		

零基础学会计就上会计学堂APP，理论＋实操课，由简入繁系统学习，实用性强上岗更轻松，会计学堂是财务人员学习互助的交流平台。

第九章

本章小结

财务报表

- 财务报表
  - 资产负债表
  - 利润表
  - 现金流量表
  - 所有者权益变动表
  - 附注

- 资产负债表
  - 资产负债表概述
  - 资产负债表的列报要求
  - 资产负债表的基本编制方法

- 利润表
  - 利润表概述
  - 利润表的底层逻辑

- 现金流量表
  - 现金流量表概述
  - 现金流量表的结构与格式